Les Fêtes de Dijon

des 21 & 22 Mai 1899

en l'honneur de

M. le Président de la République Française

à l'occasion de la

XXVe FÊTE FÉDÉRALE

de Gymnastique

DIJON

Librairie Générale Félix REY

26, Rue de la Liberté, 26

DIJON

IMPRIMERIE JACQUOT & FLORET

12, rue Berbisey, 12

JUSTIFICATION DU TIRAGE

1,100 EXEMPLAIRES

I à XXX. — Papier de luxe fort.

31 à 430. — Papier de luxe.

170 ex. — Papier de luxe, non numérotés.

500 ex. — Papier ordinaire.

LES

FÊTES DE DIJON

des 21 et 22 Mai 1899

Le présent volume a été édité par le Comité d'organisation dijonnais de la XXVe Fête Fédérale Française de gymnastique.

Les documents qu'il renferme ont été réunis et coordonnés par M. A.-V. Thiriet, Officier d'Académie, vice-président de la Fête Fédérale, président de la Commission de la publicité du Comité général des Grandes Fêtes des 21 et 22 mai 1899, et commissaire général de la Presse pendant la présence de M. le Président de la République à Dijon.

M. Thiriet remercie ici pour leur précieuse collaboration à ce Volume-Souvenir, les journaux Le Bien Public, Le Gymnaste, Le Petit Bourguignon *et* Le Progrès de la Côte-d'Or, *aux comptes-rendus desquels il a emprunté une grande partie des renseignements qui figurent dans cet ouvrage.*

LES

Fêtes de Dijon

DES

21 et 22 mai 1899

en l'honneur de

M. LE PRÉSIDENT DE LA RÉPUBLIQUE

A L'OCCASION DE LA

XXVe Fête Fédérale Française de Gymnastique

Ouvrage illustré de 74 gravures, dont 4 hors texte

PHOTOGRAPHIES DE J. MAZILLIER

PHOTOGRAPHE OFFICIEL DE LA XXVe FÊTE FÉDÉRALE

(à l'exception de celles portant une mention spéciale)

CLICHÉS DE LA SOCIÉTÉ LYONNAISE DE PHOTO-CHROMO-GRAVURE

Anciens Établissements B. Delaye, L. Hemmerlé et Cie, Lyon

DIJON

LIBRAIRIE GÉNÉRALE FÉLIX REY

26, rue de la Liberté, 26

Les clichés-portraits de MM.

Charles DUPUY, Président du Conseil des Ministres;
Camille KRANTZ, Ministre de la Guerre;
Georges LEYGUES, Ministre de l'Instruction publique;
Paul DELOMBRE, Ministre du Commerce et de l'Industrie;
Jules LEGRAND, sous-secrétaire d'Etat au Ministère de l'Intérieur;
Et Léon MOUGEOT, sous-secrétaire d'Etat au Ministère des Postes et des Télégraphes,

Ont été extraits du volume : *Le Nouveau Ministère et la Nouvelle Chambre*, l'intéressant ouvrage de M. Henri AVENEL, directeur de l'*Annuaire de la Presse française et du Monde Politique*.

AVANT-PROPOS

Dijon, les 21 et 22 mai 1899, a donné une fois de plus la preuve de ce que peut faire une grande ville, dont les citoyens, tous unis dans les sentiments du patriotisme le plus élevé, rivalisent de zèle et de bon goût pour recevoir leurs hôtes.

Pendant ces journées historiques, qui reçurent leur consécration glorieuse dans la remise de la Croix de la Légion d'honneur à notre Cité, elle fut à la hauteur de toutes les circonstances. Pas une note discordante ne fut entendue dans le concert des acclamations joyeuses et républicaines. Et, dans son loyalisme bourguignon, Dijon laissa, à tous ceux qui vinrent le visiter, l'impression ineffaçable de son urbanité et de ses sentiments de gracieuse et élégante hospitalité.

De tous les points de la France, de la Capitale, de partout, lui revint l'écho enthousiaste du souvenir affectueux des personnages officiels, des nombreux hôtes, — jeunesse patriotique, presse et particuliers, — qui participèrent à ces grandes Fêtes.

Plusieurs circonstances se prêtaient, du reste, à donner

à ce séjour en la Cité, du premier magistrat de la République et des membres du Gouvernement, un éclat incomparable.

Par une heureuse coïncidence, différents projets de fêtes et d'inaugurations se trouvaient, depuis quelque temps déjà, à l'étude :

En effet, l'*Association fraternelle des Sociétés de gymnastique de la Côte-d'Or* avait sollicité, depuis plusieurs années, que Dijon fût un jour le siège de la grande **FÊTE FÉDÉRALE FRANÇAISE DE GYMNASTIQUE,** imposante manifestation qu'elle obtenait enfin, d'enthousiasme, l'année dernière, au Congrès tenu à Saint-Étienne, par l'*Union des Sociétés de gymnastique de France.*

D'autre part, le **MONUMENT CARNOT,** la magnifique œuvre de Mathurin Moreau et de Gasq, les grands artistes dijonnais, s'élevait radieux sur la place de la République. Le Comité multipliait ses démarches pour le consacrer par une inauguration digne de celui qu'il glorifiait.

La **BOURSE DE COMMERCE,** de son côté, était terminée ; il y avait lieu également de l'inaugurer somptueusement et d'une manière digne de Dijon et de son commerce, de jour en jour plus important.

Il fallait une date. La Fête Fédérale de gymnastique, célébrée depuis de longues années, les dimanche et lundi de la Pentecôte, se trouvait, par le fait même de la désignation de Dijon pour la réaliser en 1899, fixée irrévocablement aux 21 et 22 mai. De plus, le regretté Président Félix Faure avait spontanément, à la XXIVe Fête Fédérale de gymnastique de 1898, à Saint-Étienne, promis de maintenir la tradition de la présence du Président de la République, au milieu des exercices de la jeunesse patriotique de France, en sa grande manifestation gymnastique annuelle.

La Fête Fédérale à Dijon entraînant d'elle-même la venue du Président de la République, c'était l'occasion toute trouvée de donner aux autres projets l'ampleur que comportait leur but grandiose et élevé.

D'un commun accord, les comités décidèrent de se conformer à la date de la Fête Fédérale, et se joignirent aux représentants de l'*Union des Sociétés de gymnastique de France* pour obtenir du Président de la République, la confirmation de sa présence à Dijon.

Dans un magnifique élan patriotique, une nombreuse délégation composée de :

MM. Magnin, Mazeau et Piot, sénateurs de la Côte-d'Or; Debussy, Leroy, Muteau, Ricard et Vaux, députés de la Côte-d'Or; Couyba, député de la Haute-Saône;

MM. Michel, Préfet de la Côte-d'Or; Morin-Gacon, maire de Dijon; Gremeaux, conseiller municipal; Desgrange, président du Tribunal de Commerce de Dijon;

MM. Charles Cazalet, président de l'*Union des Sociétés de gymnastique de France;* Laly, vice-président, et Sansbœuf, membre du Comité de permanence de l'Union;

Les délégués du Comité d'organisation de la XXVe Fête Fédérale de gymnastique : MM. Georges Richard, président d'honneur; J. Vallée, président; A.-V. Thiriet et Gonay, vice-présidents; Kohn, moniteur général, et Pichot, secrétaire général;

M. Ferry, délégué de la Chambre de Commerce de Dijon;

Les délégués du *Comité du Monument Carnot* : MM. Bordet, président; Lévêque, vice-président; Brulet, secrétaire, et Albert Joliet;

MM. E. Simonot, délégué de l'*Union du Commerce et de l'Industrie*, et E. Thomas, délégué du *Comité permanent des Fêtes de Bienfaisance du Commerce et de l'Industrie de Dijon ;*

Se rendit à Paris, le 18 janvier 1899, fut reçue à l'Élysée, et obtint de M. Félix Faure, Président de la République, la promesse d'être à Dijon pour les Fêtes des 21 et 22 mai 1899.

Quelques jours après, M. Félix Faure mourait brusquement, une nouvelle délégation (1) se présentait, le 8 mars 1899, à M. Émile Loubet, qui, à son tour, déclarait ne pas vouloir laisser protester la parole de son regretté prédécesseur.

Ce fut une grande joie pour Dijon d'apprendre l'heureuse nouvelle.

On se mit aussitôt à l'œuvre.

Les Comités se formèrent, agissant chacun dans leur sphère pour donner le plus de splendeur possible aux grandes manifestations qui se préparaient.

La presse quotidienne dijonnaise, unanime, lança de patriotiques appels à la population.

Un Comité général des grandes Fêtes des 21 et 22 mai 1899 fut formé sous la présidence du Maire de Dijon, laissant aux Comités spéciaux leur autonomie, mais concentrant, pour ainsi dire, toute la partie extérieure de chaque manifestation.

---

(1) Cette nouvelle délégation était ainsi composée :

MM. Magnin, Mazeau et Piot, sénateurs de la Côte-d'Or; Debussy, Gueneau, Muteau, Ricard et Vaux, députés de la Côte-d'Or;

MM. Michel, préfet de la Côte-d'Or; Morin-Gacon, maire de Dijon; Gremeaux, conseiller municipal; Desgrange, Président du Tribunal de Commerce de Dijon;

MM. Charles Cazalet, Président de l'*Union des Sociétés de gymnastique de France;* Laly, vice-président; Sansbœuf et Bellois, membres du Comité de permanence de l'Union;

Les délégués du *Comité d'organisation de la XXVe Fête Fédérale de gymnastique :* MM. Georges Richard, président d'honneur; J. Vallée, président; A.-V. Thiriet, vice-président; E. Pichot, secrétaire général, et R. Simonot;

Les délégués du *Comité du Monument Carnot :* MM. Bordet, président, Brulet, secrétaire, et Albert Joliet;

Les délégués de la *Chambre de Commerce* de Dijon : MM. Collot-Laurent, président; Cailletet et A. Leroy;

Et M. L. Pillon, délégué du *Comité permanent des Fêtes de Bienfaisance du Commerce et de l'Industrie de Dijon.*

De telle sorte que ce fut dans un ordre admirable et au milieu d'un enthousiasme très vif, que se déroulèrent les magnifiques Fêtes dont le Volume-Souvenir s'est donné la tâche de graver dans la mémoire de tous les épisodes les plus marquants.

Puisse-t-il :

En évoquant les patriotiques exercices de la jeunesse démocratique qui prirent, en présence de délégués de tous les points de la France, des pouvoirs publics, de la foule enthousiaste accourue de tous côtés au Vélodrome, l'importance d'une des plus grandes manifestations françaises de ce genre;

En rendant compte de l'inauguration du Monument Carnot, si émouvante, et qui marquera, dans l'histoire de notre ville, le moment précis où Dijon reçut la récompense qui le classe parmi les plus héroïques cités;

En transportant le lecteur au banquet splendide et à l'inauguration de la Chambre de Commerce, ainsi qu'au milieu des autres manifestations populaires;

Puisse-t-il apporter sa pierre à l'édifice des gloires de la Bourgogne, et constituer pour nos enfants ainsi que pour ceux qui furent nos hôtes, un souvenir authentique et durable de Dijon, autorisé, en ces journées historiques, à faire figurer dans ses armes la Croix de la Légion d'honneur !

M. ÉMILE LOUBET

PRÉSIDENT DE LA RÉPUBLIQUE FRANÇAISE

(d'après le portrait officiel de Pierre Petit, photographe à Paris)

LES

FÊTES DE DIJON

des 21 et 22 Mai 1899

LES FÊTES PRÉSIDENTIELLES

PREMIÈRE JOURNÉE

LE DÉPART DE PARIS

Mr le Président de la République quittait Paris le dimanche matin, 21 mai, à huit heures dix, en compagnie de MM. Charles Dupuy, président du Conseil; Krantz, ministre de la guerre; Leygues, ministre de l'Instruction publique; Delombre, ministre du commerce; Jules Legrand, sous-secrétaire d'Etat au ministère de l'intérieur; Mougeot, sous-secrétaire d'Etat aux postes et télégraphes. Avec eux avaient pris place dans le train présidentiel : le général Bailloud, secrétaire général de la Présidence; M. Combarieu, directeur du cabinet civil; le général Brugère, inspecteur d'armée; les chefs et chefs adjoints des cabinets des ministres et des sous-secrétaires d'Etat; M. Roujon, directeur des beaux-arts; M. Moron, directeur de l'Office du travail, et les représentants de la Compagnie Paris-Lyon-Méditerranée, ayant à leur tête M. Noblemaire, directeur.

A LA GARE DE DIJON

La gare de Dijon a sa grande toilette de fête. Sous ses peintures fraîches, ses trophées, ses guirlandes de feuillage, elle a vraiment bon air. Les passerelles jetées sur les quais, tout endimanchées de verdure et de drapeaux, ont des apparences d'arc de triomphe. C'est coquet et gai.

Dès midi, les troupes, sous le commandement de M. le général Moinot-Werly, commandant la 30e brigade d'infanterie, se sont massées dans la cour de la gare, les gendarmes les premiers, avec le service d'ordre. Les fantassins s'alignent à côté des dragons, casques étincelants, crinières au vent.

Un à un, les landaus arrivent et se placent dans l'ordre du cortège, du côté de l'arrivée.

Sur le quai, à l'entrée du salon rouge installé salle des troisièmes, attendent les autorités : le général de Ferron, commandant d'armes; M. Michel, préfet de la Côte-d'Or; M. Magnin, l'honorable sénateur, président du Conseil général; les sénateurs et députés, le maire, ses adjoints et son Conseil; les délégués du Comité de permanence de l'*Union des Sociétés de gymnastique de France,* le sympathique M. Cazalet à leur tête ; M. Georges Richard, président d'honneur du Comité d'organisation de la Fête Fédérale ; MM. Vallée, Bordet et Collot-Laurent, présidents, et les membres des bureaux de la XXVe Fête Fédérale, du Comité du monument Carnot et de la Chambre de commerce, et les hauts fonctionnaires.

A 1 heure 30, le train présidentiel est signalé. La machine, superbement décorée, s'avance, stoppe et s'arrête. Le moment est solennel, les autorités se découvrent et font un pas en avant.

L'ARRIVÉE DU PRÉSIDENT

r Loubet descend du wagon présidentiel suivi des membres du Gouvernement, des officiers de sa maison militaire et de ses invités.

Sur le quai de la gare, M. le Président de la République et les ministres sont reçus par le maire, la municipalité, les

L'ARRIVÉE DE M. LOUBET

sénateurs et députés de la Côte-d'Or, le général Caillard, commandant le 8e corps, le général commandant la 15e division, et un grand nombre de représentants des départements voisins.

Le Président est conduit dans une des salles d'attente transformée en magnifique salon de réception, où le maire lui souhaite la bienvenue.

Je vous remercie, monsieur le maire, répond M. Loubet, des paroles aimables par lesquelles vous m'accueillez à mon arrivée à Dijon. J'étais sûr, connaissant les sentiments républicains de la population, de l'accueil qu'elle ferait au Président de la République.

Je suis venu ici, répondant à votre appel et aussi pour exécuter une ancienne promesse que j'avais faite depuis longtemps à la veuve de votre regretté compatriote, le Président Carnot. Je lui avais fait la promesse de venir, à côté d'elle, assister à l'inauguration du monument Carnot.

Cette promesse, je l'aurais exécutée comme simple citoyen ; je suis heureux de la tenir comme Président de la République.

Après ces premiers saluts, le Président remet à M. Bordet aîné la croix de la Légion d'honneur.

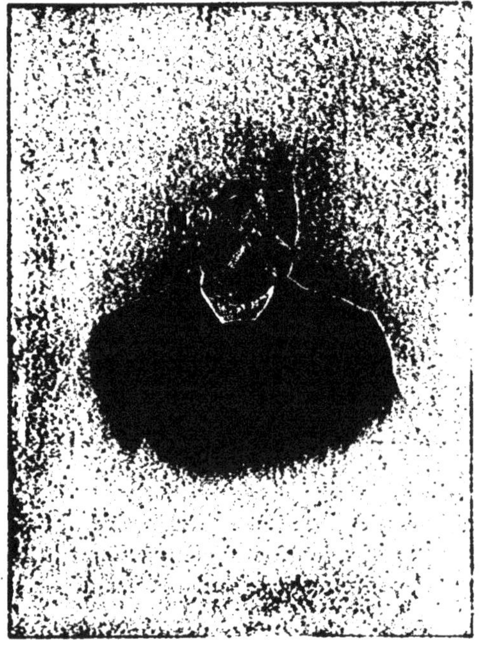

M. BORDET

Cette distinction sera bien accueillie des nombreux amis de M. Bordet et du grand public. M. Bordet, ancien président du Tribunal de commerce, ancien maire, ancien député, vieux lutteur du parti républicain, homme d'un dévouement à toute épreuve, a mieux que quiconque, en effet, mérité l'honneur qui lui est décerné; honneur attendu dès longtemps, du reste, de tous ceux qui ont su apprécier le caractère de l'homme et du citoyen.

Le Président retourne sur le quai de la gare et remet la médaille d'honneur aux agents de la Compagnie des chemins de fer de Paris à Lyon et à la Méditerranée :

MM. Bernard, dit Malardot (Jean), commis principal de 3e classe, à Dijon. — Bonnel (Julien), commis principal de 4e classe, à Dijon. — Camoz (Charles), commis principal de 3e classe, à Dijon. — Cassier (Pierre), homme d'équipe, à Chagny. — Chaudouet (Léger), chef de gare, à Saint-Julien-Clénay. — Corne (Alexandre), poseur, à Marnay. — Coutat (Nicolas), charpentier, à Genève. — Dauret (Jean), sous-chef de gare, à Perrigny. — Denis (Jules), mécanicien, à Besançon. — Dumont (Pierre), brigadier-poseur, à Saint-Bonnet. — Gaillot (Claude), conducteur-chef hors classe, à Dijon. — Gilliot (Philippe), poseur, à Dijon. — Huguin (Claude), bloqueur, à Blaisy-Bas. — Joussier (François), aiguilleur, à Chagny. — Lemoine (Louis), brigadier-poseur, à Laignes. — Lesthevenon (Joseph), poseur, à Mâcon. — Longchampt (Joseph), chef de gare, à Genlis. — Maire (Louis), employé, à Dijon-Perrigny. — Martin (Henri), mécanicien, à Dijon-Perrigny. — Manchematin (Jean), conducteur-chef hors classe, à Dijon. — Mauclerc (Joseph), coketier distributeur, à Dijon-Perrigny. — Nicolas (Antoine), conducteur hors classe, à Dijon. — Norture (Julien), ex-mécanicien, à Dijon-Perrigny. — Painget (Joseph), brigadier-poseur, à Aiglepierre. — Perrier (Charles), conducteur-chef hors classe, à Dijon. — Pétud (Emile), forgeron, à Lons-le-Saunier. — Picard (Gustave), commis principal de 2e classe, à Dijon. — Ponceblanc (Jean), poseur, à Torcy. — Poussot (Philibert), homme d'équipe, aux Laumes. — Privey (Jean-Baptiste), garde, à Chalon-sur-Saône. — Prosper (Etienne), conducteur-chef hors classe, à Dijon. — Rousseau (Henri), conducteur-chef hors classe, à Dôle. — Santerey (Joseph), brigadier-poseur, à Mamirolle. — Simonnot (Dominique), ex-préposé à la manutention, à Dijon. — Thevenin (Jean-Baptiste), concierge, à Dijon-Perrigny. — Thinlot (Alexis), chef-poseur, à Montbard. — Toubin (François), facteur de 1re classe, à Dijon. — Tremeau (Amable), laveur, à Montchanin. — Trentel (François), mécanicien, à Besançon. — Vallot (Charles), ex-conducteur, à Dijon.

Cette remise terminée, M. Loubet traverse de nouveau le salon d'honneur et pénètre dans la cour de la gare. A ce moment, le canon tonne à Montchapet, la musique du 27e, dans la cour, joue la *Marseillaise;* et de la foule, massée partout où elle a trouvé quelque place, monte une acclamation grondante et formidable : « Vive Loubet! Vive la République!!! »

DANS LA COUR DE LA GARE

Le président remet aux officiers de la garnison, avec le cérémonial accoutumé, les décorations militaires.

Est élevé à la dignité de grand officier dans la Légion d'honneur : le général Darras, du cadre de réserve (état-major général), originaire de Dijon, et ayant, en dernier lieu, commandé la 15ᵉ division d'infanterie, à Dijon.

Sont promus au grade d'officiers dans la Légion d'honneur :

Le lieutenant-colonel Lacombe, du 27ᵉ régiment d'infanterie, et le lieutenant-colonel d'infanterie territoriale Roché, du service des chemins de fer et des étapes.

Sont nommés au grade de chevaliers dans la Légion d'honneur :

Le capitaine Moriot, du 10ᵉ régiment d'infanterie. — Le capitaine Danzel, du 27ᵉ régiment d'infanterie. — Le capitaine François, du 134ᵉ régiment d'infanterie. — Le contrôleur d'armes Hartz, de l'état-major particulier de l'artillerie. — Le capitaine d'infanterie territoriale Vautrin, du service de garde des voies de communication.

La médaille militaire est conférée aux sous-officiers :

Laruelle, adjudant au 10ᵉ régiment d'infanterie. — Balvay, adjudant au 16ᵉ régiment de chasseurs. — Thomas, maréchal des logis chef à la 8ᵉ légion de gendarmerie. — Lambert, adjudant au 7ᵉ bataillon d'artillerie à pied.

Et l'on monte en voiture.

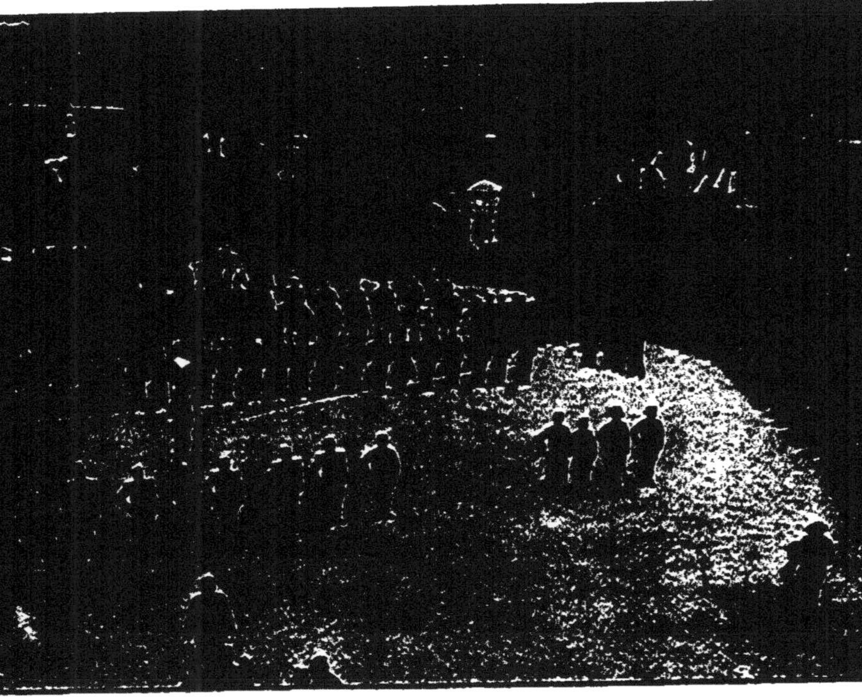

LA REMISE DES DÉCORATIONS MILITAIRES

LE CORTÈGE

Les derniers bans sont fermés, le président a pris place dans son landau. Le général Moinot-Werly donne au cortège le signal du départ.

Entre les deux rangs de troupes qui font la haie tout le long du défilé, au milieu d'une foule qui garnit les trottoirs, barre les rues transversales, s'accroche aux terrasses, aux balcons, aux fenêtres et jusqu'aux toits des maisons, le cortège se met en marche, dans un véritable concert de vivats et d'acclamations.

En tête, le capitaine de gendarmerie Simon, deux gendarmes haut le revolver, un maréchal des logis de gendarmerie. un peloton de gendarmes, deux pelotons de dragons, avec l'étendard, marchent en colonne.

A droite et à gauche de la voiture présidentielle, MM. les colonels Blanche, de l'artillerie, et Escudier, du 26e dragons, Chaque voiture officielle est encadrée par quatre dragons.

Voici la composition du cortège :

Première voiture (landau attelé à la Daumont et conduit par des artilleurs). — M. Loubet, Président de la République; M. le général Bailloud; M. le général Caillard; M. Morin-Gacon, maire de Dijon.

Deuxième voiture. — M. Dupuy, président du Conseil; M. Magnin, vice-président du Sénat, président du Conseil général; M. le général Brugère; M. Combarieu.

Troisième voiture. — M. Krantz, ministre de la guerre; M. le général de Ferron; M. Michel, préfet; M. le commandant de la Motte.

Quatrième voiture. — M. Leygues, ministre de l'instruction publique; M. le général Darras; M. Mazeau, sénateur, premier président de la Cour de cassation; M. le lieutenant de vaisseau Huguet.

Cinquième voiture. — M. Delombre, ministre du commerce; M. Hugot, sénateur; M. Piot, sénateur; M. Ricard, député.

Sixième voiture. — M. Legrand, sous-secrétaire d'Etat; M. Mougeot, sous-secrétaire d'Etat; M. Adrien Dupuy, chef du cabinet du président du Conseil; M. Vaux, député.

Septième voiture. — MM. Debussy, Muteau, Gueneau, députés; M. Charlot, premier adjoint au maire.

Huitième voiture. — M. Roujon, directeur des beaux-arts; M. le colonel

Pistor; M. Sigaux, attaché au ministère de l'intérieur; M. le docteur Roland, deuxième adjoint au maire.

Neuvième voiture. — M. Paul Neveu, chef de cabinet de M. Leygues; M. Puech, chef de cabinet de M. Legrand; M. Ozanon, chef de cabinet du Préfet; M. Marpaux, troisième adjoint au maire.

Dixième voiture. — M. Delesseux, chef-adjoint du cabinet de M. Delombre; M. l'officier d'ordonnance du général commandant le 8e corps d'armée; M. l'officier d'ordonnance du général de division; M. Charbalié, secrétaire particulier du ministre de l'instruction publique.

Onzième voiture. — M. Bley, chef-adjoint du cabinet du sous-secrétaire d'État aux postes et télégraphes.

Douzième voiture et voitures suivantes. — MM. les membres des bureaux de la XXVe Fête Fédérale, du Comité du monument Carnot et de la Chambre de Commerce, les autorités admises au cortège, la presse parisienne, la presse dijonnaise et la presse régionale.

Phot. P. Stahl, amateur.

LA PORTE GUILLAUME

Le général Moinot-Werly, commandant les troupes, ferme le cortège, accompagné des officiers généraux de Chabot et de la Pommeraye, ainsi que d'un groupe d'officiers montés.

Le cortège, au milieu des cris sans cesse répétés de : « Vive Loubet! Vive la République! » traverse les rues splendidement pavoisées de l'itinéraire tracé : rue de la Gare, place Darcy, rue de la Liberté, rue des Forges, place Notre-Dame et rue de la Préfecture. Et au son des joyeuses fanfares, placées sur le parcours, de l'*Union musicale*, la *Fanfare de Dijon*, et la musique du 10e de ligne, venue tout exprès d'Auxonne, il arrive à l'hôtel de la Préfecture.

LES RÉCEPTIONS

Les réceptions ont lieu à la Préfecture dans le grand salon carré blanc et or.

M. le Président de la République y prend place, accompagné de M. Michel, préfet, entouré des membres du gouvernement. Avant les réceptions, il s'entretient quelques minutes avec M. Magnin, sénateur, président du Conseil général, les sénateurs et députés. Puis commence le grand défilé administratif : officiers en uniforme de gala, magistrats et professeurs en robe, fonctionnaires et délégations en habits.

Les autorités qui ont droit à une réception personnelle sont appelées dans l'ordre protocolaire, s'avancent, saluent, serrent la main du président et se placent derrière lui.

Les corps constitués montent à tour de rôle le grand escalier, garni de plantes vertes, recouvert d'un riche tapis, pénètrent par la rotonde dans le salon carré, saluent le Président de la République et ressortent par la grande porte de l'escalier d'honneur.

M. Magnin présente ensuite les membres du Conseil général. Il remercie M. Loubet de sa visite, et, après l'avoir entretenu d'une question importante pour le département, affirme sa confiance et celle de ses collègues dans le succès de l'œuvre de conciliation républicaine poursuivie par M. Loubet et par le Gouvernement.

Le Président de la République déclare qu'il fera tous ses efforts pour que sa magistrature soit utile à l'union et à la réconciliation du parti républicain. Jamais il n'a eu d'autre idéal. Il s'attachera à poursuivre cette œuvre qu'il a l'espoir de mener à bonne fin. Il est convaincu, dans son optimisme justifié, qu'avec de la bonne volonté de part et d'autre, la concorde s'établira et se fortifiera pour le bien de la France, ainsi que pour la prospérité de la République.

M. Cunisset-Carnot, premier président, présente les membres de la Cour d'appel.

Je sais, lui répond M. Loubet, combien les magistrats de la Cour d'appel sont éloignés des agitations stériles de la politique et combien ils sont attachés aux institutions que le pays s'est données. Ils ont pour tâche l'exécution des lois, ils ne négligent pas le respect que tout le monde doit à la première des lois, la loi constitutionnelle; ils rendent ainsi les plus éminents services au pays et aux justiciables.

A M. le maire de Dijon, qui atteste les sentiments républicains de son conseil, M. Loubet dit qu'il connait l'attachement de la population aux principes essentiels de la République et à la loi constitutionnelle.

L'évêque de Dijon, M. Le Nordez, affirme que son clergé, exempt d'esprit de parti, est entièrement dévoué à la patrie et qu'il aime également tous les Français, parce qu'il voit en chacun d'eux, suivant la vive parole de Jeanne d'Arc, le sang de la France.

M. Loubet lui répond :

Monsieur l'évêque, nul plus que vous n'est qualifié pour évoquer le souvenir de Jeanne d'Arc et rappeler l'amour qu'elle portait à la France, à la France entière. Vous avez raison, et je vous en félicite, de ne pas vouloir faire de catégories entre les Français et d'éloigner tout ce qui, dans le passé, pourrait rappeler leurs divisions. Une démocratie doit être large et tolérante. La nôtre est assez vieille pour tolérer toutes les croyances et exiger que tous les enfants de la France travaillent ensemble à la grandeur du pays.

Je sais que le clergé que vous dirigez est dévoué aux institutions que la France s'est données. Je suis heureux d'en avoir reçu aujourd'hui l'assurance de votre bouche.

Le président du consistoire de l'Eglise réformée et le président du consistoire israélite apportent ensuite leurs vœux et leurs hommages.

Au recteur qui affirme l'amour du corps enseignant pour la France et pour la République, M. Loubet répond qu'il apprécie à leur valeur ces sentiments dont la sincérité lui est depuis longtemps connue.

Les réceptions officielles prennent fin par la présentation des officiers. Le général Caillard, commandant le 8e corps, déclare que le cœur de l'armée bat à l'unisson de celui de la France.

Je vous remercie, général, dit M. Loubet. Comment ne battrait-il pas à l'unisson de la nation française, le cœur de l'armée à tous ses degrés? L'armée, c'est la nation elle-même. Elle sort du peuple et y retourne. L'armée vit de la vie de la nation. Elle a ses sentiments les plus nobles et quelquefois, hélas! partage ses passions. Mais comment pourrait-il en être autrement?

L'armée, nous le savons, a le sentiment du devoir le plus absolu; elle est profondément dévouée aux institutions républicaines. De son côté, le gouvernement de la République a toujours eu pour l'armée la sollicitude la plus grande, la plus continue; il n'abandonnera jamais l'armée, à laquelle il est profondément attaché.

M. Loubet, remet à leurs titulaires les distinctions honorifiques suivantes :

Officiers de l'instruction publique : MM. Boutequoy, docteur en médecine, à Châtillon, président du conseil d'arrondissement. — Vendeur, professeur au Conservatoire de musique de Dijon. — Du Puy, conseiller à la Cour d'appel de Dijon.

Officier du Mérite agricole : M. Léon Japiot, agriculteur, conseiller d'arrondissement, à Châtillon-sur-Seine.

Chevaliers du Mérite agricole : MM. Lescure, maire de Selongey, conseiller d'arrondissement. — Marsot, maire de Bouilland, conseiller d'arrondissement.

Officiers d'académie : MM. Bimler, médecin-major au 16e régiment de chasseurs à cheval, à Beaune. — Bougey, docteur-médecin, à Auxonne, conseiller d'arrondissement. — Cabet, conseiller d'arrondissement, maire de Maxilly-sur-Saône. — Chaussin, maire de Seurre. — Laurent, industriel, à Dijon. — Mouchoux, maire de Meursault. — Paris, conseiller général, maire de Châtillon-sur-Seine. — Siméon, maire de Chanceaux.

Médailles d'honneur pour actes de dévouement (en argent de 1re classe) : MM. Pierre Perrot, maréchal-ferrant, à Champdôtre. — Jules Astier, constructeur de bateaux, à Saint-Jean-de-Losne. — Claude Soret, cantonnier, à Marigny-le-Cahouët.

Médailles d'honneur pour actes de dévouement (en argent de 2e classe) : MM. Dominique Ageret, commissaire de police, à Auxonne. — Georges Ducloux, agent de police, à Dijon. — Gustave Poupée, meunier, à Messanges. — Pierre Izembart, capitaine de la compagnie de sapeurs-pompiers, à Beaune. — Léon Buzenet, sergent de pompiers, à Quincey. — François Nouvelier, caporal de pompiers, à Is-sur-Tille.

Mentions honorables : MM. Claude-Thibaut-Hippolyte Borne, sergent-major des sapeurs-pompiers, à Bussy-le-Grand. — Marmier, contrôleur des tramways électriques, à Dijon. — Joseph Millot, éclusier, à Licey-sur-Vingeanne. — Nestor Fourcault, cultivateur, à Tillenay.

Diplômes d'honneur : MM. Pierre Vaillard ; Isidore Vauchey ; Benoît Clairet, sapeurs-pompiers de la subdivision de Trouhans. — Georges-Nicolas Degoy, sergent-major ; Claude-Victor Degoy, sergent, à la compagnie de Châtillon-sur-Seine. — Pierre Chevillon-Goffinet, sapeur-pompier, à Marsannay-la-Côte. — Pierre Pitois, sous-lieutenant ; Jean-Baptiste Boisseau, caporal de la subdivision de Lamotte-Ternant. — Pierre Froment, sapeur-pompier, à Touillon. — Pierre Gaitet, dit Paul, sergent de la subdivision de Précy.

Médaille d'honneur (en argent de 2e classe) : MM. Louis Morand, éclusier, à Dijon ; Guy Bannelier, garde de navigation, à Vandenesse.

Médailles en argent de l'assistance publique : Mmes Bigot, supérieure à l'Hôtel-Dieu de Beaune ; Bourlier et Clerget, surveillantes à l'asile public d'aliénés de Dijon.

Médailles d'honneur accordées aux quatre facteurs des postes suivants : Tupin, Royet, Bonnot, Sauce, de Dijon.

Puis, accompagné des ministres, le Président se rend ensuite dans une vaste salle où les maires du département lui sont présentés par le préfet. M. Loubet leur adresse des remerciements et des encouragements pleins de cordialité.

AU MONUMENT CARNOT

Les réceptions terminées, le cortège se reforme. Il pleut, on part sous l'ondée par la rue de la Préfecture et la place de la République. Héroïques, le Président de la République, les ministres et toute la suite reçoivent l'averse à plastrons ouverts.

M. Loubet, en présence d'une foule immense désireuse de s'associer à l'hommage solennel rendu à la mémoire du grand citoyen que fut Carnot, prend place sur une tribune faisant face au monument, entouré du président du conseil, des ministres et sous-secrétaires d'Etat, des sénateurs et députés de la Côte-d'Or, de nombreux sénateurs et députés d'autres départements, des généraux Caillard et Brugère, de l'évêque de Dijon et de MM. Desplats et Vivien, délégués du conseil municipal de Paris.

M. SADI CARNOT

La famille Carnot est là représentée par M. Adolphe Carnot, membre de l'Institut, inspecteur général à l'École des Mines ; M. Sadi-Carnot, capitaine au 130e de ligne ; Mme et M. Ernest Carnot, ancien député, conseiller général de la Côte-d'Or ; Mme et M. François Carnot, ingénieur des Mines ; Mme et

M. Cunisset-Carnot, accompagnés de leurs enfants; M. Siméon Carnot, avocat (1).

Le monument Carnot a été édifié au moyen d'une souscription populaire. C'est une pyramide rectangulaire sur la face principale de laquelle se dresse la statue en marbre du Président Carnot, debout, tête nue, appuyé sur le drapeau français. Sur chacune des faces latérales, une figure de femme assise: à gauche, la Douleur de la Bourgogne; à droite, l'Histoire gravant le nom de Carnot. Sur la face postérieure, l'autel de la Patrie en deuil. Le sommet de la pyramide est surmonté d'une Gloire en bronze, les ailes déployées, qui offre à Carnot la palme et la couronne du martyre.

Les statues de Carnot et de l'Histoire sont l'œuvre de M. Mathurin Moreau, l'éminent sculpteur; la Gloire et la Douleur sont l'œuvre du grand artiste, notre compatriote, M. Paul Gasq.

Sur le panneau qui supporte Carnot, est écrit :

A
SADI CARNOT
CONSEILLER GÉNÉRAL
DÉPUTÉ DE LA CÔTE-D'OR
PRÉSIDENT DE LA RÉPUBLIQUE

Ce monument est un chef-d'œuvre remarquable; c'est, sinon le plus beau, du moins l'un des plus beaux parmi ceux élevés à la mémoire du Président Carnot.

Quand le voile tricolore qui recouvrait le monument est tombé, une longue acclamation a salué l'apparition de l'effigie de l'ancien Président de la République, et, après l'exécution, sous la direction de l'auteur, M. David, de la cantate *Pro Patria*, par les sociétés de la ville, les musiques militaires, les élèves du Conservatoire, des écoles normales d'instituteurs

---

(1) Le matin, M. Cunisset-Carnot avait fait déposer au pied du monument une magnifique couronne en fleurs artificielles, ouvrage et don de Mme Peyralade, de Saint-Maurice-sur-Vingeanne.

LE MONUMENT CARNOT

et d'institutrices et des écoles communales, les discours ont commencé.

M. Bordet, président du Comité du monument, se lève et prononce le discours suivant :

Discours de M. Bordet

Monsieur le Président de la République,

Ce sera le suprême honneur d'une vie tout entière consacrée à la défense de la République d'avoir été appelé, au nom du Comité du monument Carnot, à vous adresser l'expression de notre vive gratitude. Vous avez bien voulu, par votre présence, donner un caractère plus éclatant à la glorification de celui que la France pleure toujours et associer votre haute personnalité à nos modestes efforts. C'est désormais un lien de plus entre la Bourgogne et la République, que vous représentez si vraiment et si dignement.

Une voix éloquente a trop bien retracé la carrière politique du Président Carnot pour que, faible écho, j'ose parler de ses efforts constants pour relever la France, la sortir de son isolement et rappeler cette inoubliable entrevue de Nancy, prélude de l'entente scellée à Cronstadt.

L'homme, dévoué par esprit de race, qui, après avoir donné à son pays tout ce qu'il possédait de force et d'énergie, lui a offert le suprême sacrifice, était avec nous et pour nous un ami, et sa trop courte carrière peut se résumer en trois mots : loyauté, devoir et bonté.

Monsieur le maire,

Au nom du comité que je représente ici, je remets à la ville de Dijon ce monument qui perpétuera la mémoire d'un de nos plus glorieux enfants de la Bourgogne, assuré d'avance du soin jaloux qu'apporteront à sa garde les municipalités *toujours* républicaines de notre patriotique cité.

M. Dupuy, président du Conseil, prend alors la parole. D'une voix vibrante d'émotion, il prononce ce discours qui restera comme une des plus belles pages écrites à la mémoire du Président Carnot :

Discours de M. Charles Dupuy

Monsieur le Président de la République,
Mesdames,
Messieurs,

Le monument que nous inaugurons en ce jour atteste la fidélité des sentiments de ce pays et l'impression laissée dans vos cœurs par le fils d'adoption auquel votre piété le consacre. De notre France qu'on dit légère, plus d'un pourrait apprendre le culte du souvenir et ce n'est pas au pied de ce monument, sur la généreuse et forte terre de Bourgogne, que jamais croîtra la fleur de l'oubli. Le Président Carnot revit devant nous, dans cette statue qui le représente debout, appuyé sur le drapeau, semblant redire les paroles mémorables de son message, gravées sur le socle : « Tout ce que j'ai de force et de dévouement appartient à mon pays. »

Au lendemain de l'horrible attentat qui ravit à la République son Président et à la Patrie un de ses plus nobles fils, je demandai à sa digne veuve

Phot. Bary.

M. CHARLES DUPUY, PRÉSIDENT DU CONSEIL DES MINISTRES

si elle avait quelque trait particulier à me signaler pour le discours que je devais prononcer au Panthéon. Mme Carnot me répondit en me citant les paroles que je viens de rappeler. « En répétant ces paroles, me dit-elle, vous remplirez tous mes vœux et vous peindrez mon cher mort tout entier. ».

INAUGURATION DU MONUMENT CARNOT — LA TRIBUNE PRÉSIDENTIELLE PENDANT LE DISCOURS DE M. DUPUY, PRÉSIDENT DU CONSEIL DES MINISTRES

Oui, il s'est donné tout entier à la tâche que les suffrages de l'Assemblée nationale lui avaient confiée en un jour d'union et de concorde républicaine.

Attentif à tous les devoirs de sa haute magistrature, il apporta à leur accomplissement un tact, une dignité, une conscience qui lui valurent la sympathie et l'estime universelles. Et quand il tomba, le 24 juin 1894, sous le poignard d'un assassin, on put mesurer, à l'explosion de douleur qu'elle provoqua, le vide que faisait sa perte. De toutes parts, ce furent des élans de regrets, des plaintes touchantes, un chagrin sincère.

Il n'y eut pas un pays dans le monde, pas un peuple, un souverain, un gouvernement qui ne s'empressât de témoigner à la France son horreur pour le bourreau, sa sympathie pour la victime. De toutes nos colonies, de tous les départements de la République, des plus humbles villages comme des plus grandes cités, parvinrent au Gouvernement des adresses qu'aujourd'hui encore on ne peut relire sans être profondément ému. Comme je le disais en notifiant au Parlement la douloureuse nouvelle, la France pleurait dans le Président disparu le loyal serviteur, le citoyen intègre qui, pendant sept années, avait porté avec honneur et fidélité le drapeau national.

Le département de la Côte-d'Or ne fut pas le dernier à manifester sa douleur. En termes saisissants, la Commission départementale, les villes de Dijon, de Beaune, de Châtillon-sur-Seine et de Semur, toutes les communes du département se firent les interprètes de l'émotion publique et s'associèrent au deuil de la famille et de la France.

C'est que vous le connaissiez bien, vous tous qui m'écoutez, c'est que vous aviez appris à l'estimer et à l'aimer. Pendant dix ans, il avait été votre conseiller général, pendant seize ans votre député, et si son élévation à la magistrature suprême le donna à la France tout entière, la Bourgogne garda une part privilégiée dans ses sentiments et dans ses pensées. Il parlait d'elle et de vous souvent, et ceux qui avaient le bonheur d'être admis dans son commerce savaient combien il était affectionné au pays bourguignon.

Sous des dehors réservés, sous une apparente froideur, il cachait un cœur chaud, des convictions ardentes. Né républicain, il unissait dans son amour de la République le culte de la patrie et celui de la liberté. Sans morgue et sans affectation, il portait avec une dignité calme et sereine un nom glorieux que sa vie et sa mort ont honoré et grandi.

Premier citoyen d'un pays libre, il vit la liberté passer par des heures d'épreuves, mais il ne voulut jamais désespérer d'elle et il ne cessa d'avoir confiance dans la défaite d'une faction qu'il savait devoir être inévitablement vaincue par l'union des républicains. Aussi ne manqua-t-il jamais d'affirmer la nécessité de cette union, dont sa propre élection avait été une des manifestations les plus expressives et que l'intérêt de la République nous commande de maintenir.

Il avait foi dans le peuple, dans cette démocratie laborieuse, dont il parlait à Lyon quelques instants avant d'être frappé, cette démocratie, disait-il, qui « déjouant tous les pièges, affirmant sa confiance dans les institutions du pays et demandant le progrès à leur développement régulier, a mis en pleine lumière l'impuissance des ennemis de la République et apporté le plus précieux encouragement aux efforts de ses défenseurs ».

Je ne saurais décrire ici la vie entière du Président Carnot. Comment prétendrais-je d'ailleurs vous l'apprendre à vous qui en connaissez les moindres détails, qui en avez suivi les étapes successives, soit dans l'administration où l'ingénieur a laissé une trace durable, soit dans l'œuvre de la défense nationale dont Carnot fut un des collaborateurs les plus actifs, soit dans l'assemblée départementale et au Parlement où, comme conseiller, comme député, comme sous-secrétaire d'Etat, comme ministre, il marqua sa place par le travail le plus assidu et les plus utiles services, toujours guidé par une conscience droite et un solide bon sens, toujours animé de l'amour agissant du bien public.

Cette vie fut simple et unie; elle fut belle, et la muse de l'Histoire qui orne ce monument peut en fixer les lignes pour l'édification des jeunes citoyens qui veulent se rendre capables de bien servir leur pays. Mais il me faut envisager un autre aspect de cette noble existence et rappeler devant ce brillant auditoire d'autres titres du Président Carnot à la reconnaissance de la patrie. Vous savez tous la part qu'il eut dans la formation de cette alliance qui a modifié les conditions morales et politiques de l'Europe et dont nous avons vu depuis l'achèvement. Ouvrier de la première heure, il doit être glorifié pour avoir aidé de toutes ses forces à cette évolution historique dont les noms de Cronstadt et de Toulon marquent avec ceux de Cherbourg, de Paris, de Châlons et de Saint-Pétersbourg les étapes inoubliables. Carnot sut comprendre les bienfaits de la paix comme ceux de la liberté et il servit à la fois, par sa confiance en l'une et en l'autre, la République et la patrie.

Mais il manquerait quelque chose d'essentiel à cet hommage, il ne serait pas selon le cœur du regretté Président si je n'associais à son souvenir le souvenir de celle qui n'est plus et qui fut, dans toute l'acception du mot, sa compagne. Devant leurs enfants, dignes d'eux, j'unis leurs chères mémoires en un suprême salut, plein d'affection et de respect.

Discours de M. Desplats

M. Desplats, secrétaire du conseil municipal de Paris, prononce ensuite une improvisation chaleureuse et fort éloquente.

La ville de Paris qu'il représente, dit-il, ne pouvait rester indifférente à l'inauguration d'un monument élevé à la mémoire de Sadi Carnot. Sadi Carnot était un fils de la France tout entière, et deux villes peuvent s'enorgueillir plus particulièrement de sa gloire : Dijon, capitale de sa province, et Paris, qui le vit à l'œuvre et qui garde jalousement ses cendres.

M. Desplats est encore très applaudi quand il rappelle l'union de Carnot et de Paris, ses visites à l'Hôtel de Ville, son œuvre de bienfaisance, etc., etc.

M. Morin-Gacon, maire de Dijon, s'exprime ainsi :

Discours de M. le Maire de Dijon

Monsieur le Président de la République,
Messieurs les membres du Gouvernement,
Mesdames, Messieurs,

Au nom de la ville de Dijon, je viens remercier les membres du Comité Carnot du riche présent qu'ils font à la ville de Dijon en lui remettant le monument élevé à la mémoire du président Carnot.

Ce monument, par le souvenir qu'il représente et par la haute valeur artistique que lui ont donnée nos compatriotes, MM. Mathurin Moreau et Gasq, fait l'admiration de tous et concourt merveilleusement à l'embellissement de notre ville.

Messieurs les membres du Comité, je vous remercie à nouveau, et soyez certains que l'administration municipale veillera au bon entretien et à la bonne conservation de votre œuvre.

LA CROIX POUR DIJON

A ce moment, M. Loubet se lève, s'avance au devant de l'estrade et, d'une voix qui porte au loin, il dit :

« *Messieurs, pour répondre à un des vœux du regretté*
« *Président Carnot et à la demande de tous ceux qui connaissent*
« *l'héroïsme de Dijon* (1), *j'ai l'honneur de vous donner lecture*

---

(1) Voici le rapport de proposition qui avait été adressé au Président de la République :

Paris, le 15 mai 1899.

« Monsieur le Président,

« La ville de Dijon a donné, le 30 octobre 1870, la preuve éclatante du patriotisme de ses habitants.

« Le Gouvernement a jugé qu'il était nécessaire de perpétuer le souvenir de la résistance qu'ils ont opposée aux attaques de l'ennemi.

« Le conseil de l'ordre de la Légion d'honneur a émis un avis favorable à l'adoption de la mesure que nous avons l'honneur de soumettre à votre approbation.

« *du décret qui autorise la ville de Dijon à faire figurer dans ses* « *armoiries la croix de la Légion d'honneur* :

« Le Président de la République française,

« Vu l'avis émis par le conseil de l'ordre de la Légion « d'honneur dans sa séance du 17 mai 1899;

« Sur la proposition du président du Conseil, ministre de « l'intérieur et des cultes, et des ministres de la justice et de « la guerre,

« Décrète :

« Art. 1er. — La ville de Dijon est autorisée à faire figurer « dans ses armoiries la croix de la Légion d'honneur.

« Art. 2. — Le président du Conseil, ministre de l'intérieur « et des cultes, et les ministres de la justice et de la guerre « sont chargés de l'exécution du présent décret.

« Fait à Paris, le 18 mai 1899.

« Emile Loubet. »

A ce moment, un formidable cri de : « Vive Loubet! » jaillit de dix mille poitrines, se répète, se répercute, déferle dans l'immense place de la République pour, de là, remplir tout Dijon, tandis que M. Morin-Gacon, ému, se lève, serre les mains du Président et peut à peine articuler :

— Je vous remercie, Monsieur le Président, merci, merci pour Dijon.

Le 27e défile en ordre de marche, sac au dos et en grande

« Aussi vous serions-nous reconnaissants de vouloir bien revêtir de votre signature le décret ci-joint.

« Veuillez agréer, monsieur le Président, l'hommage de notre respectueux dévouement.

« *Le ministre de la guerre,*
« C. KRANTZ.

« *Le garde des sceaux, ministre de la justice,*
« GEORGES LEBRET.

« *Le président du conseil,*
« *ministre de l'intérieur et des cultes,*
« CHARLES DUPUY. »

tenue, devant les tribunes. Très crânes, nos petits soldats, et très admirés au passage; de nombreux cris de « Vive l'armée! » se font entendre.

A l'issue, le régiment tout entier va se masser boulevard Thiers, sur les trottoirs de droite, face au N.-E., pour rendre les honneurs au passage du Président.

LE DÉPART DU MONUMENT

Le landau et les voitures de la suite viennent se ranger devant les tribunes, le cortège reprend sa marche, trouvant partout le même accueil chaleureux, et rentre à la Préfecture, en suivant l'itinéraire ci-après : place de la République, boulevard Thiers, place du Trente-Octobre (où a lieu un arrêt de quelques minutes devant la statue de la Résistance, pendant l'exécution d'un morceau de musique par la *Lyre belfortaine*, qui, les 21 et 22 mai, a prêté gracieusement son concours au comité de la Fête Fédérale), boulevard Carnot, place Saint-Pierre (fanfare de l'*Avant-Garde*), rue Chabot-Charny, place Saint-Etienne (fanfare de l'*Etendard*), rues Lamonnoye, Longepierre, place des Ducs, rue des Forges, place Notre-Dame et rue de la Préfecture.

Partout des trophées, des guirlandes, des massifs, des drapeaux, des inscriptions, et toujours des cris! de longues acclamations!

RETOUR A LA PRÉFECTURE

Mr le Préfet et Mme Michel font, avec leur bonne grâce habituelle, les honneurs de l'hôtel au Président de la République qui est conduit dans les appartements qui lui sont réservés pendant son séjour à Dijon.

Le Président de la République s'entretient avec les personnes de sa suite, auxquelles il communique ses excellentes impressions, et à huit heures, il se rend à l'Hôtel de Ville pour assister au banquet offert par la ville dans la magnifique salle des Etats de Bourgogne.

M. MICHEL, PRÉFET DE LA CÔTE-D'OR

LE BANQUET DE LA VILLE

La salle des Etats de Bourgogne resplendit de lumières et de dorures. Sa riche décoration chatoie sous la caresse des lampes à incandescence. Partout, aux fenêtres, aux portes, des tentures grenat franges d'or, se détachant parfois sur le blanc d'une guipure. Les cristaux étincellent parmi les fleurs au long des tables à la filée. Le coup d'œil est féerique. Peu de villes, assurément, peuvent s'offrir le luxe d'un banquet dans un cadre aussi riche (1).

Trois immenses tables ont été dressées, coupées en travers. La première dessine un immense fer à cheval autour de la salle; le milieu servant de table d'honneur, est adossé au tableau « Les Gloires de la Bourgogne », du peintre Lévy; elle étend ses deux grands bras à droite et à gauche, le long des fenêtres. Au milieu, deux longues tables, parallèles aux bras du fer à cheval. Trois cent dix-sept couverts sont disposés.

En dehors de la salle, le vestiaire a été splendidement aménagé. Ce ne sont que tentures, draperies, écussons. Un riche tapis couvre les marches du grand escalier. Et enfin, partout, dans tous les coins disponibles, de la verdure, des fleurs, des plantes exotiques, un vrai jardin de rêve.

Une surprise attend le Président à son arrivée. Six jeunes filles en blanc, Mlles Chevillot, de l'école Darcy; Doudet, de l'école Turgot; Rousseau, de l'école du boulevard Voltaire; Jouclard, de l'école du boulevard de la Trémouille; Theuret, de la rue Jeannin; Villame, de l'Hôtel de Ville, offrent un magnifique bouquet et souhaitent au Président sa fête, au nom de sa famille absente.

M. Loubet, très ému, remercie, embrasse les fillettes, puis prend place à la table d'honneur.

M. Loubet préside, ayant à sa droite le maire et le ministre du commerce, à sa gauche le président du Conseil et le président du Conseil général. Les autres convives de la table d'honneur sont les ministres de la guerre, du commerce et de l'instruction publique, les sous-secrétaires d'Etat, les généraux, l'évêque, les membres du Parlement, les membres de la famille Carnot, les membres des bureaux des Comités de la Fête Fédérale, du monument Carnot et de la Chambre de commerce, etc.

---

(1) Le matin, à sept heures, avait eu lieu à l'Hôtel de Ville une distribution de secours par la municipalité à tous les assistés de la commune.

M. MORIN-GACON, MAIRE DE DIJON

Le banquet commence. Pour être complet, donnons-en le menu.

Potage présidence
Saumon sauce riche
Filet de bœuf à la Rachel
Timbale gauloise
Petits pois à la française
Poularde de Bresse rôtie
Salade
Galantine de pintade en Bellevue
Glace Carnot
Gâteaux tunisiens
Desserts variés
Beaune, Corton, Chambertin, Champagne
Café, Liqueurs

Pendant le banquet un concert a lieu, dans la cour d'honneur de l'Hôtel de Ville par la musique du 27e d'infanterie et la *Fanfare de Dijon*, et dans la cour des Pompes, par la fanfare du 26e dragons et l'*Harmonie du Commerce*. La *Lyre Dijonnaise* chante ses meilleurs chœurs dans la salle même du banquet.

Au dessert, M. Morin-Gacon, maire de Dijon, se lève et prononce un discours dans lequel il remercie M. Loubet d'avoir bien voulu accepter l'invitation qui lui a été adressée par la ville et les différents Comités.

La présence du Président de la République, dit-il, a donné aux fêtes de Dijon une splendeur sans égale et y a attiré une affluence considérable de personnes accourues de tous les points de la France, pour saluer le Chef de l'Etat et acclamer le Gouvernement de la République. Il continue en recommandant à la bienveillance des pouvoirs publics certaines questions particulièrement intéressantes pour la ville.

M. le Président de la République répond en ces termes au maire de Dijon :

Monsieur le maire,

Vous avez profité de la présence des ministres autour de cette table pour leur adresser, sous une forme dont je loue la courtoisie, les réclamations et les vœux de la municipalité. Je suis sûr que M. le président du Conseil et les ministres qui m'entourent ont été touchés par vos paroles et qu'ils s'efforceront de concilier les désirs dont vous vous êtes fait l'interprète avec les lois et les intérêts généraux dont ils ont la garde.

Je vous remercie, Monsieur le Maire, de l'accueil que je reçois ici, et je vous prie de remercier en mon nom la population tout entière. Les hommages dont je suis l'objet ne s'adressent pas à ma personne, mais à la magistrature dont je suis investi. La ville de Dijon a voulu, dans cette circonstance solennelle, manifester son inaltérable attachement à la patrie et à la République.

Je n'attendais pas moins de vos compatriotes.

Ils viennent d'honorer avec un éclat incomparable le grand citoyen dont l'image grave et sereine plane sur cette journée comme le symbole même du patriotisme. Pour entretenir le culte de cette pure mémoire, ils n'ont qu'à s'inspirer de leur propre histoire. Vous avez rappelé, avec une juste fierté, l'héroïsme des Dijonnais qui est pour nous, parmi de tristes souvenirs, un sujet de consolation et d'espérance.

Je connaissais ce beau fait d'armes; j'ose dire, Monsieur le Maire, que j'avais prévenu votre demande; mon cœur est allé au devant du vôtre. Ne pouvant, par des récompenses individuelles, reconnaître tous les services qui m'ont été signalés, ni apporter ici autant de croix de la Légion d'honneur que j'aurais souhaité, j'ai voulu en décerner une à la plus haute et à la plus glorieuse personnalité, à celle en qui se confondent et se résument toutes les autres, à la ville de Dijon. J'ai donc, par décret en date du 18 mai, autorisé votre ville à ajouter une croix de la Légion d'honneur à ses armes, afin que ses enfants s'honorent et se glorifient en elle, et trouvent dans cette distinction commune le principe d'une plus forte et plus étroite solidarité.

C'est à Dijon que je bois, à sa prospérité, à sa grandeur, à l'union de tous ses fils dans l'amour de la patrie et de la République!

Un tonnerre d'applaudissements accueille ce toast et les cris de « Vive le Président! Vive la République! » éclatent avec une franchise et une cordialité absolument bourguignonnes, pendant que toutes les musiques réunies sur la place d'Armes exécutent *La Marseillaise*.

Le Président, à diverses reprises, remercie l'auditoire.

M. CHARLOT, ADJOINT

La *Lyre Dijonnaise*, qui a prêté son gracieux concours à la fête, chante son dernier chœur.

LE DOCTEUR ROLAND, ADJOINT

M. MARPAUX, ADJOINT

M. Loubet se montre au balcon de l'Hôtel de Ville, qui domine la place d'Armes, illuminée à grands traits de feu soulignant splendidement sa merveilleuse décoration. La foule massée lui fait une longue ovation aux cris répétés de : « Vive Loubet! Vive la République! »

Le Président exprime son admiration.

LE CADEAU DE LA VILLE

AVANT que M. Loubet ait manifesté l'intention de se retirer, le maire de Dijon fait apporter le cadeau qui doit lui être offert par la ville de Dijon, les deux magnifiques volumes « *Dijon, Monuments et Souvenirs* », l'ouvrage remarquable de l'érudit bourguignon, M. Henri Chabeuf.

L'éditeur, M. Damidot, remet les deux volumes au maire, qui les présente aussitôt au Président.

M. Emile Loubet examine plusieurs pages ainsi que quelques-unes des belles héliogravures illustrant ces volumes, et dues à M. Chesnay, puis, tendant la main à M. Damidot, il lui adresse ses félicitations bien sincères.

RENTRÉE A LA PRÉFECTURE

QUELQUES instants après, M. le Président de la République se retire. Au moment où il quitte la salle du banquet, toutes les musiques et fanfares réunies place d'Armes exécutent de nouveau *La Marseillaise*.

C'est absolument magnifique, les acclamations de la foule retentissent de nouveau jusqu'à la Préfecture.

A 10 heures 15, M. Loubet était rentré dans ses appartements, non sans avoir témoigné à maintes reprises à M. le maire de Dijon et à M. le préfet de la Côte-d'Or toute la satisfaction que lui avait fait éprouver le chaleureux accueil qui venait de lui être fait.

M. Krantz, ministre de la guerre, que les obligations de sa charge rappelaient à Paris, avait pris congé du Président de la République.

LA SOIRÉE

QUELLE foule immense! quelle cohue serrée, toute la soirée et une partie de la nuit! La grande artère, rue de la Liberté, n'a pas désempli; aussi la circulation était-elle difficile, surtout aux abords de l'Hôtel de Ville, devant lequel la foule de curieux, sans cesse renouvelée, stationne, ouvrant de grands yeux devant l'illumination de la place d'Armes et de la mairie, illumination et décoration vraiment merveilleuses.

Les acclamations sont là presque du délire, à l'arrivée et au départ du président; c'est que les dimensions de la place permettant une agglomération plus compacte, l'enthousiasme se communique comme une traînée de poudre.

Les illuminations sont vraiment féeriques. Les rues de la Liberté, du Bourg, Berbisey, transformées en dômes de verdure lumineux, offrent un coup d'œil qui arrache les exclamations admiratives les plus enthousiastes du plus blasé.

La place Saint-Etienne, la place Darcy, tout le centre de Dijon n'est, en un mot, qu'un vaste palais des Contes des mille et une nuits à travers les couloirs duquel la foule tombe d'émerveillement en émerveillement.

Il est minuit, et la foule circule encore, inlassée.

DEUXIÈME JOURNÉE

Le lundi 22 mai, dès huit heures et demie du matin, M. le Président de la République parait sur le perron de la Préfecture; le landau est prêt. Fidèle à une touchante coutume inspirée par un sentiment bien démocratique,

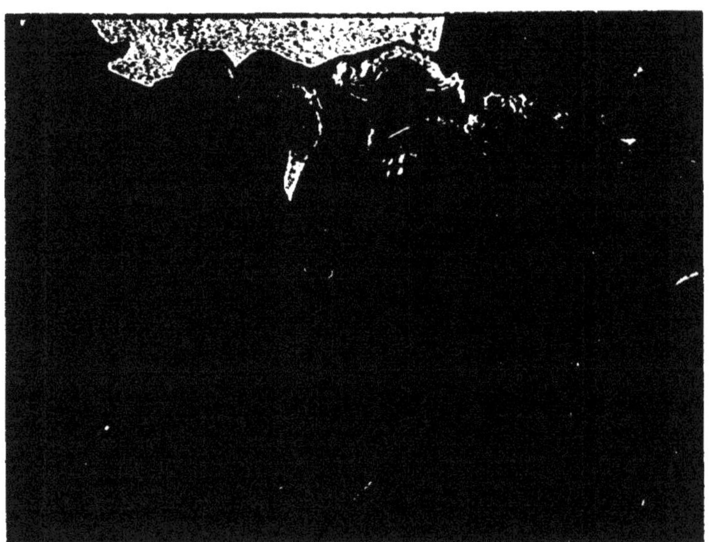

LA VOITURE PRÉSIDENTIELLE

M. Loubet a décidé que sa première visite de la journée serait pour les malheureux. Le chef de l'Etat et les membres du Gouvernement vont se rendre à l'hôpital.

La compagnie du 27e de ligne qui a formé la garde d'honneur est alignée dans la cour; les clairons de garde sonnent aux champs; deux capitaines du 26e dragons prennent place de chaque côté du landau et le cortège se met en marche dans le même ordre que la veille. Chaque voiture, de la tête du cortège jusqu'à la fin, est encadrée par deux cavaliers du 26e dragons.

Le cortège suit la rue de la Préfecture, le boulevard de Brosses, la place Saint-Bernard, la rue des Godrans, la rue Bossuet, la place Saint-Jean, la rue Monge, la rue de l'Hôpital. Les chevaux vont au pas, de sorte que tout le monde peut bien voir le Président. Malgré l'heure matinale, les rues sont bondées de spectateurs. Les curieux manifestent chaleureusement leur sympathie pour le Président de la République.

On crie : « Vive Loubet! Vive la République! ». Et l'on se découvre respectueusement au passage de la voiture présidentielle.

RUE DES GODRANS ET AU COIN DU MIROIR

En arrivant en face la petite rue du Château où le journal le *Petit Bourguignon* a édifié un arc de triomphe portant ces mots :

Le « Petit Bourguignon » au Président de la République
Vive Loubet!

un bouquet est remis au nom des ouvriers typographes au Président de la République, par le metteur en pages du journal entouré de tous les autres ouvriers en tenue de travail.

Le Président remercie. La foule applaudit et crie : « Vive le Président! Vive la République! »

M. Loubet, qui a avec lui les mêmes personnages que la veille, s'enquiert de tous ceux qui ont collaboré aux décors des rues dont il ne se lasse de vanter le bon goût, parfois même l'originalité ou la richesse.

Au coin du Miroir, il se retourne pour mieux voir l'effet produit par les quatre grands et superbes panneaux décoratifs,

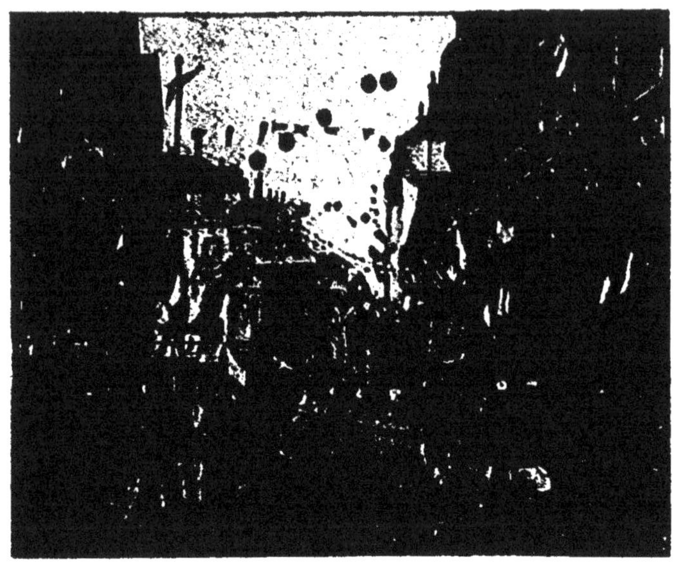

LE COIN DU MIROIR

velours et or, élevés au croisement des rues des Godrans, Bossuet et de la Liberté, par le *Comité permanent des Fêtes de bienfaisance du commerce et de l'industrie de Dijon*, et dont l'ensemble forme un dôme très beau et très riche, avec les inscriptions suivantes sur chaque face : *A Monsieur Loubet, Président de la République française. Le Commerce et l'Industrie.*

PLACE SAINT-JEAN

Un peu après, une nouvelle surprise était préparée au chef de l'Etat par les commerçants et habitants de la rue Bossuet et de la place Saint-Jean. Au moment où la voiture présidentielle débouchait sur cette place, un groupe de jeunes filles, Mlles Marguerite Ballot, Germaine Berthoud, Thérèse Cartier, Gabrielle Chargrasse, Louise Collas, Irma Combet, Elisabeth Pillion, Léontine Romand et Jeanne Simonel, guidées par MM. E. Thomas et A.-V. Thiriet, négociants délégués, traversaient la chaussée et s'avançaient vers la voiture que le Président donna l'ordre d'arrêter.

Mlle Pillion, en remettant à M. Loubet un superbe bouquet, s'exprimait ainsi :

Au nom des commerçants et habitants de la rue Bossuet et de la place Saint-Jean, permettez-nous de vous offrir ces fleurs, modeste témoignage de notre respectueux attachement et de notre profonde reconnaissance.

Nous serions heureuses et honorées de voir ces fleurs agréées par Mme Loubet.

Le Président, touché par ce déférent hommage à Mme Loubet, a remercié, et après avoir embrassé Mlle Pillion et serré la main aux deux délégués, a salué les très nombreux assistants, qui des fenêtres, balcons et toits, l'acclamaient, pendant que l'*Harmonie du Commerce* exécutait *La Marseillaise*.

Le cortège s'est remis en route. En passant devant le Conservatoire national de musique de Dijon, M. le maire signale à M. Loubet le vieil hôtel d'Esterno qui a bien son histoire, et c'est au milieu des acclamations ininterrompues que le cortège arrive au viaduc de la Porte d'Ouche où tout le quartier de la Grille de Fer est massé et salue, comme on sait le faire dans ce quartier démocratique, le premier magistrat de la République française.

A L'HOPITAL

Il est huit heures vingt lorsque le cortège arrive à l'Hôpital. Le conseil d'administration au grand complet, ayant à sa tête M. Blondeau, notaire, président de la commission administrative, également entouré de tout le personnel médical, reçoit le Président.

M. Blondeau lui souhaite la bienvenue et le remercie de donner aux miséreux la première heure de sa journée.

M. Emile Loubet répond fort à propos qu'une journée commencée par une bonne action n'est jamais perdue; il remercie les bons citoyens qui consacrent leur temps et leur dévouement au soulagement des misères humaines, donnant ainsi un noble exemple de solidarité, et tout le cortège pénètre dans les salles.

L'ARRIVÉE A L'HÔPITAL

La visite commence par la crèche où de tout petits bébés dorment à poings fermés, tandis que d'autres, sur les bras de leurs nourrices, écarquillent leurs petits yeux curieux, pour mieux voir ce beau monsieur qui les caresse doucement comme le ferait un bon père de famille. La visite continue ensuite par la grande salle Odette Maillard, la salle Berrier et les salles militaires.

Les médecins chargés des divers services sont là avec leurs externes et répondent aux questions du Président qui les remercie du concours dévoué qu'ils apportent à l'assistance publique.

Le Président, avant de quitter l'Hôpital, où il a adressé aux malades des paroles consolantes, remet deux cents francs pour les enfants assistés et mille francs pour les malades. Il annonce en même temps à M. le maire qu'il a donné des ordres pour qu'une somme de mille francs soit aussi versée au bureau de bienfaisance de Dijon.

De son côté, et d'accord avec le président de la République, M. Charles Dupuy, président du Conseil, annonce que cent mille francs, pris sur les fonds du pari mutuel, seront donnés à l'Hôpital de Dijon pour faire des améliorations et des créations nouvelles.

Quand toutes les salles ont été parcourues, M. Loubet est reconduit jusqu'à la porte par tout le personnel médical. Il est dix heures moins dix minutes, on remonte en voiture, et le cortège se met en route pour le Lycée Carnot.

Le cortège passe par les rues de l'Hôpital et de la Manutention, il traverse la rue Berbisey, essentiellement populaire. Aussi les manifestations sympathiques y sont-elles très chaleureuses. Sur les trottoirs, à toutes les fenêtres, on acclame le nom du président.

PLACE SAINT-GEORGES

SUR la place Saint-Georges, arrêt du cortège pour permettre au Président de la République de recevoir un bouquet que lui offrent, au nom des habitants de la rue du Bourg, de la place Saint-Georges et de la rue Berbisey, Mlles Suzanne Boussard, Alice Dupuy et Jeanne Piellard. Mlle Alice Dupuy adresse à M. Loubet le compliment suivant :

Monsieur le Président,

Daignez accepter ces fleurs, nous sommes heureuses de vous voir à Dijon, car nos parents et nos maîtresses nous ont appris à vénérer en vous le digne représentant de la France, notre patrie bien aimée.

M. Loubet, très acclamé, remercie et embrasse la jeune fille.

Rue du Bourg, rue de la Liberté, place d'Armes, les acclamations sont vraiment formidables. De même dans les rues Rameau, Lamonnoye, Jeannin, Paul-Cabet, Colonel-de-Grancey et boulevard Thiers.

A dix heures et demie, le cortège arrive au Lycée Carnot.

AU LYCÉE CARNOT

Les professeurs et les élèves des trois ordres d'enseignement, au nombre de cinq mille, sont assemblés au Lycée. Dans un magnifique salon de réception installé au fond de la cour, ont pris place : à droite, Messieurs les professeurs des Lycées de Dijon; à gauche, Messieurs les doyens et professeurs des diverses Facultés de l'Université. Le centre est réservé à M. le Président de la République, aux Ministres, parmi lesquels M. Leygues, ministre de l'instruction publique, et aux personnalités qui les accompagnent.

LA VISITE DU LYCÉE

M. Adam, recteur de l'Université, accompagné de M. Bourlier, proviseur du Lycée, et de M. Deschamps, inspecteur d'Académie, reçoit M. le Président de la République.

Dans la cour d'honneur sont réunies les élèves du Lycée de jeunes filles; une de celles-ci, Mlle Stéhelin, fille du sympathique trésorier-payeur général, offre des fleurs à M. Loubet.

Phot. Eug. Pirou.

M. LEYGUES, MINISTRE DE L'INSTRUCTION PUBLIQUE

M. le Président de la République se rend ensuite à la place qui lui est réservée, et M. le recteur Adam, entouré des professeurs en robe, souhaite la bienvenue au chef de l'Etat. Il prononce l'allocution suivante :

Monsieur le Président de la République,

Au frontispice de ce Lycée resplendit en lettres d'or le nom de Carnot, et c'est sous ce haut patronage que nous nous présentons à vous, qui continuez si dignement la même œuvre. Ce grand nom résume la triple devise républicaine, *Liberté, Egalité, Fraternité*, qui est aussi, je puis le dire, notre devise universitaire, gravée de plus en plus profondément dans nos cœurs.

Liberté, n'est-ce pas, en effet, la vertu propre et le principe d'action de l'enseignement supérieur, qui, par de libres recherches dans tout le vaste champ de la science, forment surtout des esprits libres de plus en plus nombreux ici, grâce aux savants et dévoués professeurs de l'Université de Dijon.

Egalité, c'est proprement la règle de notre enseignement secondaire, qui traite d'abord en égaux tous les jeunes esprits pour en cultiver également toutes les parties, et n'admet entre eux que des différences de mérite : c'est là, dans un pays démocratique, sa force et son honneur, et je suis heureux de le déclarer devant vous à la louange du proviseur et de la directrice de nos deux lycées, — de plus en plus nombreuses aussi sont les familles qui, à Dijon et dans la Côte-d'Or, veulent bien nous confier et leurs fils et leurs filles.

Enfin, si je devais caractériser d'un mot notre enseignement primaire, songeant au zèle que déploient à l'envi maîtres et maîtresses, sous l'énergique impulsion de tous nos inspecteurs, et à tant de preuves données chaque jour, de mutualité et de solidarité, non pas en paroles seulement, mais par des actes, ah! je le dis bien haut, la devise de celui-là est vraiment *Fraternité*.

C'est ainsi que l'Université de France, sachant que la République est le gouvernement de la Vertu, semble s'être partagé, entre les trois ordres d'enseignement, ce qu'on peut appeler les trois vertus fondamentales. L'Université est donc bien, Monsieur le Président, comme la garde d'honneur — intellectuelle — du gouvernement républicain en France; et c'est pourquoi je vous convie à nous passer tous ici en revue, maîtres et élèves, comme des troupes courageuses et fidèles qui, dans le domaine moral et social, livrent sans relâche le bon combat.

Venez, Monsieur le Président, au milieu de cette jeunesse et de tous nos enfants, afin qu'ils se souviennent toute leur vie, comme d'une grande et belle leçon, de cette visite du chef de l'Etat, qui personnifie à nos yeux de si hautes idées et représente la France entière.

Aux souhaits du recteur, M. Loubet répond qu'il se réjouit d'apporter à la jeunesse universitaire et à ses maîtres les félicitations du chef de l'Etat :

La République, dit-il, s'est attachée à développer l'enseignement à tous les degrés; aucun sacrifice ne lui a coûté; aucun effort n'a été négligé. Malgré les critiques de la première heure et les hésitations de la seconde, la République a poursuivi cette œuvre. Elle la continuera, persuadée qu'il ne faut rien négliger ni pour l'enseignement supérieur qui a donné des résultats inappréciables, ni pour l'enseignement secondaire pour lequel, à l'heure actuelle, le Parlement étudie dans quel sens les perfectionnements désirés doivent être réalisés, ni pour l'enseignement primaire qui fait de tous les enfants de France, à quelques classes qu'ils appartiennent, de bons citoyens unis pour la grandeur du pays.

Que les maîtres continuent à enseigner à la jeunesse, avant les droits, les devoirs : les devoirs d'abord et avant tout. Les droits, on les apprend assez vite.

L'allocution de M. le Président de la République est vigoureusement applaudie.

Phot. Michel, amateur.

L'ASSOCIATION GÉNÉRALE DES ÉTUDIANTS

M. Loubet fait ensuite le tour des galeries et passe en revue la jeunesse des écoles. Là sont massés les élèves des lycées, des écoles normales de garçons et de filles et des écoles primaires, de l'autre côté de la cour, les étudiants groupés autour de leur drapeau.

M. Loubet arrive devant le drapeau des étudiants qui s'incline, et l'aimable M. Finelle, président de l'*Association générale des étudiants de l'Université de Dijon*, lui adresse le compliment qui suit :

Monsieur le Président de la République,

Etudiants de Dijon, c'est pour nous une immense joie en même temps qu'un insigne honneur de saluer le chef de l'Etat sur cette terre bourguignonne si fertile en profonds enseignements.

Jeunes encore, s'il nous fallait un idéal de civisme, nous le trouverions dans nos traditions mêmes, en tournant nos regards vers le noble citoyen à la grandeur duquel vous apportez, par votre présence, le concours de la France et dont la vie tout entière tient dans ces deux principes :

Honneur et foi républicaine !

Fidèles à cette glorieuse mémoire, c'est du fond du cœur et avec la sincérité qui est le propre de la jeunesse que nous crions tous :

Vive la France ! Vive la République !

M. le Président de la République félicite M. Finelle d'avoir si bien traduit les sentiments de la jeunesse des écoles.

Vous avez raison, lui dit-il, de rappeler encore une fois et toujours la mémoire de Carnot qui fut élève de ce Lycée.

Que sa vie vous serve d'exemple dans les diverses carrières que vous allez embrasser, car dans toutes, il vous faudra du dévouement.

En imitant cette vie, tout entière consacrée au culte de la liberté et de la patrie, vous êtes sûrs de devenir des hommes qui ferez honneur à votre pays. Et la France doit pouvoir compter et elle compte sur la jeunesse de ses écoles !

Les applaudissements éclatent à nouveau, et M. Loubet, toujours accompagné des membres du Gouvernement et des hauts fonctionnaires de l'Université, passe lentement devant les milliers d'enfants qui l'acclament. Jamais nous n'avons assisté à une pareille explosion d'enthousiasme et de joie. Les lycéens agitent leurs casquettes et crient à pleins poumons ainsi que leurs camarades des écoles communales : « Vive la République ! Vive Loubet ! » Les petites filles applaudissent. La musique du 27e de ligne joue, mais on ne l'entend pas ; on s'en doute seulement en voyant son éminent chef M. Stoupan battre la mesure. La clameur, immense, s'élève au fur et à mesure que le Président passe devant une nouvelle école. M. Loubet paraît vivement touché de cette émouvante ovation.

Le Président félicite en passant un polytechnicien en tenue, M. Baudoin, et un saint-cyrien en tenue, M. Vincent, tous deux anciens élèves du Lycée Carnot, de la bonne pensée qu'ils ont eue de venir se joindre à leurs jeunes camarades en cette belle matinée.

Dans une autre cour sont réunis les instituteurs du département. M. Michel, préfet, les présente en ces termes :

Monsieur le Président,

J'ai l'honneur de vous présenter les instituteurs de mon département. Je les connais depuis près de douze ans, je puis vous donner l'assurance qu'ils sont à la hauteur de leur mission et qu'ils comprennent toute l'étendue de leur responsabilité et de leurs devoirs envers la République qui les aime et envers les familles qui leur confient ce qu'elles ont de plus précieux, c'est-à-dire leurs enfants.

Vivant en bonne intelligence avec les autorités locales et avec les populations, ils savent à l'école se renfermer dans leurs règlements et leurs programmes tout en donnant aux leçons d'éducation la large part qu'il convient. Leurs élèves, je l'ai constaté souvent dans mes tournées, ont une bonne tenue et sont bien élevés.

Vous serez heureux, j'en suis sûr, Monsieur le Président, d'entendre ces éloges qui sont l'expression de la vérité et qui peuvent se résumer en quelques mots : nos instituteurs sont de bons serviteurs de l'enseignement universitaire, de la France et de la République.

M. Loubet répond en quelques mots qui sont chaleureusement applaudis.

Je sais, dit Monsieur le Président de la République, que les instituteurs sont profondément attachés à leurs devoirs et comprennent leur mission, une des plus hautes qu'il soit donné à un homme de remplir. Ils ne doivent pas seulement instruire les enfants dont ils ont la garde, ils doivent en faire, pour l'avenir, d'abord de jeunes soldats fidèles à leur service de soldat, puis, ce service donné à l'armée, qui est l'école de la nation, en faire de bons citoyens.

Et le défilé continue au milieu d'un enthousiasme aussi impressionnant qu'indescriptible.

On reprend place à la tribune de réception et M. Ozanon, chef de cabinet de M. le Préfet, donne lecture de la liste des nouveaux titulaires des palmes académiques.

MM. Pauffard, professeur à l'école de médecine de Dijon. — Bouvet, professeur au lycée de Nevers. — Changey, professeur au collège de Saulieu. — Cochenet, professeur au lycée de Chaumont. — Darbot, professeur au collège de Wassy. — Fleury, professeur au collège de Langres. — Gadion, professeur au collège de Clamecy. — Gendarme de Bévotte, professeur au lycée de Dijon. — Girod, professeur au collège d'Auxonne. — Grépin, professeur au collège de Langres. — Iselin, répétiteur général au lycée Carnot, à Dijon. — Mme Mussat, maîtresse de la classe enfantine de Bar-sur-Aube. — MM. Ramain, professeur au lycée de Sens. — Rohmer, chargé de cours au lycée de Troyes. — Mlle Savery, professeur au lycée de jeunes filles d'Auxerre. — MM. Toudy, professeur de chant au lycée de Sens. — Voisin, professeur au lycée de Nevers. — Adam, directeur de l'école primaire supérieure de Decize. — Bernard, directeur d'école publique, à Dijon. — Brisbare, professeur à l'école normale d'instituteurs de Troyes. — Gérard, inspecteur primaire à Avallon. — Joliet, directeur d'école publique à Arnay-le-Duc. — Mlle Monteeau, professeur à l'école normale d'institutrices d'Auxerre. — M. Camille-Génuis Champion, commis d'Académie à Dijon.

MM. Jean Bataillon, professeur adjoint à la Faculté des sciences de Dijon. — François Geny, professeur à la Faculté de droit de Dijon. — Pierre Pigeon, professeur-adjoint à la Faculté des sciences de Dijon. — L'abbé d'Antessanty, aumônier du lycée de Troyes. — Jean Brivet, principal du collège d'Avallon. — Jean Forest, médecin du lycée de Troyes. — Paul Laurent, professeur au collège d'Auxerre. — Louis Lemoine, professeur au collège de Clamecy. — Jean Oubert, chargé de cours au lycée de Dijon. — Petit, chargé de cours au lycée de Nevers. — Emile Chanal, inspecteur primaire à Beaune. — Jean Chancenotte, professeur à l'école normale d'instituteurs de Dijon. — Nicolas Martin, maître-adjoint à l'école normale de Varzy.

M. Loubet attache lui-même sur la poitrine des récipiendaires leur nouvel insigne et leur adresse quelques mots.

Mais onze heures vont sonner, il va falloir partir, lorsque M. Leygues, ministre de l'instruction publique, s'avance de quelques pas et fait signe de la main qu'il a quelque chose à dire. Le silence se fait comme par enchantement.

« J'ai le plaisir, dit-il, de pouvoir annoncer officiellement à
« M. le proviseur Bourlier que, le 14 juillet prochain, il sera
« nommé chevalier de la Légion d'honneur..... »

Les dernières paroles de M. le ministre de l'instruction publique sont couvertes par les applaudissements.

Après une dernière et inoubliable ovation des lycéens et des enfants des écoles primaires, M. Loubet regagne son landau.

A 11 heures 15, M. le Président de la République rentre à la Préfecture par le boulevard Thiers, la place de la République, les rues Jean-Jacques-Rousseau, d'Assas et du Champ-de-Mars; juste le temps de respirer un peu, car à midi moins un quart précis, il devra repartir pour se rendre à la Bourse de Commerce.

L'ARC DE TRIOMPHE DE LA RUE JEAN-JACQUES-ROUSSEAU

LES DAMES FRANÇAISES

Dans cet intervalle, M. le Président de la République reçoit le Comité de Dijon de l'Association des Dames Françaises, qui lui est présenté par M. le général Caillard, commandant le 8e corps d'armée. Mme Stehelin, présidente, dans une charmante allocution, a offert à M. Loubet, pour être remis à Mme Loubet, présidente d'honneur des Dames Françaises, un magnifique vase de mosaïque de verre de Gallé, objet d'art créé tout spécialement à l'intention de cette entrevue mémorable.

Allocution de Mme Stehelin

Monsieur le Président de la République,

J'ai l'honneur de vous présenter le Comité de la Société des Dames Françaises de Dijon.

C'est au nom de tous les membres de cette association que je vous prie de vouloir bien accepter un modeste souvenir de votre passage au milieu de nous. L'intérêt que Madame Loubet et vous portez à notre patriotique compagnie, à la tête de laquelle la présidence d'honneur vous a placés tous deux, nous fait un facile et agréable devoir de fixer, sous une forme durable, l'expression de notre reconnaissance et de notre respectueuse sympathie. Nous nous appliquerons à nous rendre dignes, par nos efforts, du haut patronage du chef de l'État et de satisfaire, pour notre part, à la sérieuse mission dont la charge est assumée par les associations de secours aux blessés.

M. Lory, délégué régional du 8e corps d'armée, a pris ensuite la parole et, dans une patriotique improvisation, a remercié M. le Président de la République de sa sympathie pour l'œuvre et l'association elle-même des Dames Françaises.

M. Loubet a répondu, dans un langage plein de dignité et de courtoisie, à Mme la Présidente Stehelin et à M. Lory. Il les a remerciés à son tour du bien que fait à nos soldats l'Association des Dames Françaises.

M. Roujon, directeur des Beaux-Arts, et M. Charles Dupuy, président du Conseil, ont fort admiré le présent destiné à Mme Loubet.

DÉPART POUR LA BOURSE DE COMMERCE

A midi moins un quart, le cortège se reforme dans la cour de la Préfecture, et repart pour la Bourse de Commerce, en passant par la rue de la Préfecture, la place Notre-Dame, les rues Musette, des Godrans, de la Liberté, Rameau et la place Saint-Etienne.

En plusieurs endroits, des jeunes filles remettent de superbes bouquets au Président de la République qui est acclamé.

LES DAMES DES HALLES

Au carrefour des rues Odebert et Musette, une délégation des dames des Halles, composée de Mmes Saysset, Marie, Duthu, Bailly et de Mlles Saysset, Le Roy et Duthu, offre un bouquet au Président; l'une d'elles lui adresse un compliment en vers.

Après un mot du Président, on se remet en route et à midi on arrive à la Bourse de Commerce.

A LA BOURSE DE COMMERCE

Au moment où la voiture présidentielle arrive place Saint-Étienne, des hourras frénétiques accueillent M. Loubet et la suite du cortège.

Les étudiants, sous un grand dais de velours rouge frangé or, tenu aux deux coins par des hallebardes et surmontant le balcon de leur cercle, acclament le Président.

M. Loubet, les Membres du Gouvernement et les invités de la Chambre de Commerce sont reçus au seuil de la Bourse par M. Collot-Laurent, président de la Chambre, M. Troubat, vice-président, et M. Bécoulet, trésorier.

Mais, n'est-ce pas ici le moment de donner une courte description des locaux affectés par décret de M. le Président de la République du 11 septembre 1897 à la tenue de la Bourse de Commerce ?

LA BOURSE

Située dans l'ancienne église Saint-Étienne concédée par la ville et spécialement aménagée par la Chambre de Commerce, la Bourse est au centre de Dijon.

Elle a sa façade principale sur la vaste place Saint-Étienne où se croisent les lignes de tramways électriques venant de toutes les directions, et où se tiennent actuellement le marché hebdomadaire et le congrès annuel des grains et farines, le marché des houblons, etc.

LA BOURSE DE COMMERCE

Deux statues de M. Gasq, l'*Agriculture* et l'*Industrie,* ornent cette façade principale.

Son côté nord longe la rue Vaillant, large voie de dix-huit mètres, peu fréquentée par les voitures.

Le monument est donc merveilleusement placé pour offrir aux négociants et aux agriculteurs un abri depuis longtemps réclamé sans entraîner pour eux un changement d'habitudes.

Il se compose à l'intérieur d'un vaste hall de 32 mètres de long sur 17^{m}80 de large, divisé en trois parties : une nef centrale et deux bas-côtés. Ce hall, qui doit servir de lieu de réunion, est parfaitement éclairé par des baies vitrées présentant plus de cent mètres carrés de superficie. En hiver, il est chauffé par deux calorifères. On y accède par un vestibule ayant à gauche le télégraphe et le téléphone, et à droite un vestiaire. A côté de ce vestiaire, est une salle de correspondance pour les négociants. Des bureaux ont été aménagés dans le bas-côté nord pour les négociants, courtiers ou syndicats.

A l'extrémité du bas-côté méridional, une partie du transept de 8 mètres de long sur 7m50 forme antichambre à la salle de réunion et aux bureaux de la Chambre de Commerce installés dans l'ancienne salle capitulaire de l'église et mesurant 13 mètres sur 9. Dans cette même partie du transept, un escalier permet d'accéder à une salle située au-dessus de la Chambre de Commerce, ayant la même surface, et réservée aux réunions des syndicats professionnels et groupes commerciaux.

Le long du côté septentrional du hall, est adossé un café-restaurant de 30 mètres de long sur 5 mètres de large, divisé en cinq compartiments par les contreforts de l'édifice. Les salles sont décorées de huit grands émaux représentant les principaux sites commerciaux de la Côte-d'Or.

Une cave spéciale, dans laquelle on descend depuis le hall, est destinée à recevoir les échantillons pour le marché aux vins, qui ne peut manquer de s'installer à la Bourse.

Par son aménagement intérieur, l'édifice répond donc aussi très bien à l'usage auquel il est destiné.

INAUGURATION ET BANQUET

Mr le Président de la République, lors de son entrée dans la vaste salle de la Bourse, est reçu par tous les membres de la Chambre de Commerce et salué par *La Marseillaise*, exécutée par l'*Union Musicale*, dirigée par M. F. Vendeur.

Le drapeau tricolore est, à ce moment, hissé au sommet du monument.

Les membres du bureau conduisent alors M. Loubet dans

la salle des délibérations, transformée en salon, et, après quelques minutes d'entretien, accompagnent M. Loubet à la table d'honneur.

Derrière cette table, encadrée dans la muraille, brille la plaque en marbre noir, qui vient d'être placée en commémoration de la fête; elle porte cette inscription :

LA CHAMBRE ET LA BOURSE DE COMMERCE
ont été inaugurées le 22 mai 1899
Par M. Émile LOUBET
Président de la République française, assisté de :
MM. Charles Dupuy, président du Conseil;
Delombre, ministre du Commerce;
Leygues, ministre de l'Instruction publique;
Mougeot, sous-secrétaire d'État aux Postes;
Legrand, sous-secrétaire d'État à l'Intérieur;
Louis Michel, préfet de la Côte-d'Or.
Suivent les noms des membres de la Chambre de Commerce et les décrets instituant la Bourse.

Ont pris place à la table d'honneur, à la droite du Président de la République, MM. Collot-Laurent, président de la Chambre de Commerce; Leygues, ministre de l'Instruction publique; Magnin, sénateur; Mougeot, sous-secrétaire d'État aux Postes et Télégraphes; le général Caillard; Ricard, député; Tirman, président du Conseil d'administration des Chemins de fer P.-L.-M.; Michel, préfet, et le général du Hamel de Canchy.

A la gauche du Président de la République : MM. Charles Dupuy, président du Conseil des Ministres et ministre de l'Intérieur; Delombre, ministre du Commerce; Legrand, sous-secrétaire d'État à l'Intérieur; Hugot, sénateur; Cunisset-Carnot, premier président de la Cour d'appel; Piot, sénateur; le général de Ferron; Vaux, député, et Gubian, procureur général.

Puis à la table d'honneur, faisant face à la table présidentielle, MM. Debussy, Gueneau, Muteau, Bontemps et Rozet, députés; MM. Le Nordez, évêque de Dijon; Adam, recteur de l'Université; le général Bailloud; Combarieu; Noblemaire;

Phot. Leboy-Férlet.

M. DELOMBRE, MINISTRE DU COMMERCE

Roujon, directeur des Beaux-Arts; Moron, directeur de l'Office du Travail; Parly, président du Tribunal civil; G. Joliet, préfet de la Vienne; Thuriet, procureur de la République; Desgrange, président du Tribunal de Commerce; Morin-Gacon, maire de Dijon; A. Troubat et Cailletet, membres de la Chambre de Commerce; Bordet, président du *Comité du Monument Carnot;* Charles Cazalet, président de l'*Union des Sociétés de gymnastique de France;* Georges Richard, président d'honneur, et J. Vallée, président du *Comité d'organisation de la Fête Fédérale;* MM. le commandant de La Motte; le lieutenant de vaisseau Huguet; le colonel Pistor; le capitaine Vincendon; Stehelin, préfet honoraire, trésorier-payeur général de la Côte-d'Or, et Adrien Dupuy, chef du cabinet du Ministre de l'Intérieur.

La table de la Presse est à droite. La Presse dijonnaise est représentée par MM. Maigne, rédacteur en chef du *Progrès de la Côte-d'Or;* Bergery, rédacteur du *Petit Bourguignon,* et Dumarché, rédacteur du *Bien Public.* On remarque au milieu des membres de la Presse parisienne, la seule femme invitée au banquet, Mme Brémontier, rédactrice du journal *La Fronde,* à côté de M. A.-V. Thiriet, vice-président de la Fête Fédérale et commissaire général de la Presse pendant la présence de M. le Président de la République à Dijon.

Aux six autres tables, quelques fonctionnaires et les commerçants et industriels notables de Dijon. En tout : 265 couverts. Par une attention délicate, toutes les tables sont présidées par deux membres de la Chambre de Commerce.

. Le coup d'œil est très beau; le couvert est fort bien mis; des corbeilles de fleurs s'espacent sur la blancheur des nappes. Et le banquet, dont voici le menu (1), commence et se poursuit

---

(1) Le menu très artistique du banquet de la Chambre de Commerce mérite une mention spéciale : Il renfermait notamment une magnifique eau-forte allégorique, gravée par M. Collin, élève de l'École des Beaux-Arts de Dijon.

au milieu des appréciations très flatteuses des plus fins gourmets.

Hors-d'œuvre
Truite saumonée glacée sauce française
Noisettes de filets de bœuf à la présidence
Croustades de bécasses au foie gras
Spooms au vin de Montrachet
Punch à la romaine
Paons truffés rôtis
Petits pois nouveaux à l'anglaise
Langoustes en bellevue
Glaces fédérales
Gaufrettes Dijonnaises

VINS

Chambertin 1886
Musigny (Réserve 1887)
Champagne Moët et Chandon

Les vins offerts aux hôtes de Dijon sont exquis.

Le banquet, pendant lequel les meilleurs artistes de l'*Union Musicale* exécutent un concert très apprécié, est très gai et très cordial. On se croirait plutôt entre amis qu'à une cérémonie réglée par le protocole.

Tout est parfait et a été organisé de main de maître.

Mais voici le champagne, c'est l'instant des toasts. M. Collot-Laurent se lève. Son discours, très étudié, prononcé d'une voix claire, est fort applaudi.

Discours de M. Collot-Laurent

Monsieur le Président,
Messieurs les Ministres,
Messieurs,

Ma première parole doit être une parole de vive et respectueuse reconnaissance pour l'insigne honneur que vous faites aujourd'hui à la Chambre de Commerce de Dijon en vous rendant à son invitation; en son nom, je vous remercie de la combler ainsi, en exauçant son vœu le plus cher.

C'est le commerce et l'industrie de notre Bourgogne tout entière, représentés par leurs élus, les tribunaux et les chambres de commerce autour desquels se groupent les délégués de toutes les corporations, parmi lesquels j'aperçois M. le président de la Chambre de Londres; c'est le Monde du Travail qui salue en vous le premier magistrat de la République.

Si je contiens l'émotion qui me saisit, si j'ose élever la voix devant le chef de l'État, en présence d'une réunion aussi imposante où je vois tant d'hommes éminents, représentants du gouvernement, membres de nos assemblées politiques, fonctionnaires de tous ordres, dignitaires du clergé et de l'armée, de l'Université, notabilités commerciales et industrielles, c'est qu'à côté de la tâche redoutable qui m'incombe, je trouve un encouragement dans le souvenir de l'accueil si sincèrement bienveillant que vous avez fait à Paris, Monsieur le Président, à la délégation de notre Chambre. Vous lui disiez que vous portiez le plus grand intérêt à tout ce qui touche à l'in-

M. COLLOT-LAURENT

dustrie et au commerce. Vous ne pouviez mieux l'affirmer et nous en apporter un plus éclatant témoignage que par votre présence ici ; c'est avec un légitime orgueil que les membres de la Chambre de Commerce conserveront le précieux souvenir de votre visite dont ils sentent tout le prix; ils ont résolu de le léguer à leurs successeurs et de le rendre ineffaçable en le confiant au marbre qui perpétuera la date de cette brillante et incomparable inauguration, ainsi que le nom du chef de l'État et des ministres qui l'auront présidée.

Nous devons un regard au passé de cette ancienne basilique dont le caractère ne peut échapper à personne et dont la destination est si complètement transformée; désormais consacrée aux affaires, l'église Saint-Étienne, fondée au IVe siècle, dont l'abbaye florissante au temps des Ducs de Bourgogne tenait de leur munificence de grands privilèges et battait monnaie, fut érigée en cathédrale en 1731; puis, désaffectée au culte, elle servait de magasin et de dépôt pour les décors du théâtre, son état était alors lamentable; vous pouvez, aujourd'hui, constater qu'entre nos mains elle n'est plus une abandonnée. C'est en 1893 que l'Union des syndicats commerciaux fit une démarche auprès de l'administration municipale pour obtenir la création d'une Bourse de commerce dont l'idée première avait été agitée dès 1845. Saisie à son tour, la Chambre de Commerce de Dijon, qui se préoccupait depuis longtemps de cette importante question et qui ne possédait d'ailleurs d'autre lieu de séance qu'une salle mise à sa disposition dans les bâtiments de la ville, fort mal aménagée, d'un accès difficile et ne répondant nullement à ses besoins, s'empressa de s'entendre avec la municipalité pour obtenir d'elle la cession de tout ou partie de l'église Saint-Étienne dont la situation au milieu de la ville était parfaite à tous les égards.

En juillet 1894, la Chambre, après avoir étudié la réalisation de ce projet, adressait à M. le Ministre du Commerce une demande d'autorisation à l'effet d'établir une Bourse de Commerce dans l'église Saint-Étienne et de contracter un emprunt de 162.000 francs pour ce sujet. Je ne m'étendrai pas davantage sur cet exposé succinct, d'ailleurs, et je n'énumérerai pas les difficultés auxquelles se heurta souvent la commission des travaux.

Je tiens surtout à rendre hommage ici à toutes les bonnes volontés qui secondèrent nos efforts et au concours précieux que nous avons trouvé auprès des pouvoirs publics; je suis heureux de saisir l'occasion de remercier publiquement M. le sénateur Magnin, que l'on trouve toujours prêt à soutenir nos intérêts.

C'est grâce à son haut appui, à ses nombreuses démarches, que la Chambre des députés votait, dans sa séance du 17 juin 1895, la loi autorisant l'emprunt destiné à l'installation de la Bourse de Commerce et que le Sénat l'adoptait peu après. Les municipalités qui se sont succédé ont avec la meilleure grâce fait droit à nos demandes, et c'est ainsi que l'ancienne salle capitulaire, d'ailleurs inutilisée, a pu nous être cédée pour servir de salle de nos réunions.

Les avis favorables émis par M. le Préfet et le Conseil général, enfin le courant de l'opinion publique nous prouvaient que la création de cette Bourse était nécessaire; vous pouvez juger aujourd'hui que nous n'avons rien à regretter. Secondés par notre architecte qui nous a bien compris, nous avons pu, sans dépassement appréciable de nos prévisions, restaurer les parties principales du gros-œuvre, créer à l'intérieur toutes les dépendances souhaitables et à l'extérieur, dans les contreforts, annexer un café, corollaire de toute Bourse un peu vivante; nous avons aussi, grâce au don que nous a fait notre compatriote Gasq de son travail personnel, pu orner la façade de la Bourse de deux belles statues qui impriment à l'édifice un caractère plus conforme à sa destination. Vous pourrez juger que notre salle des séances est digne d'une Chambre appelée à tenir un rang et que le caractère de sa simplicité n'en exclut pas la grandeur : d'un accès facile, elle est ouverte chaque jour à tous les négociants qui peuvent y consulter, obtenir tous les ouvrages, publications et renseignements.

Ce grand hall bien éclairé, chauffé en hiver, sert de lieu de réunions, de conférences, fêtes ou banquets et de siège pour les adjudications publiques ; enfin, au deuxième étage, une salle est mise à la disposition de tous les syndicats ou sociétés qui en font la demande.

La Bourse a donc une vie qui lui est propre et son installation justifie la dépense faite pour sa création ; c'est ici le moment de rendre justice aux sentiments vraiment généreux de tous nos patentés qui sans murmures (avouons que nous avons fait souvent la sourde oreille), ont vu le montant de leurs impositions quadrupler pour les nécessités de l'emprunt. Je les remercie aujourd'hui avec un sentiment de reconnaissante satisfaction du concours qu'ils nous ont ainsi apporté et que nous nous excusons d'avoir escompté d'avance, certains que nous fondions une œuvre utile ; ils nous ont accordé leur confiance et la Chambre de Commerce tiendra à s'acquitter de la dette d'honneur qu'elle a ainsi contractée ; animée de cet esprit, elle vient de coopérer très activement à la formation de l'union des Chambres de Commerce, des Comités d'agriculture et de viticulture, des Comices, des Sociétés vigneronnes et des Syndicats viticoles et vinicoles de toute la Bourgogne en vue d'une exposition collective des vins lors de la grande manifestation nationale et internationale de 1900, union devant revêtir un aspect grandiose et capable d'affirmer au loin la réputation bien méritée de nos crus fameux ; elle a accordé son patronage et son concours au comité formé pour la création à Dijon d'une école supérieure de commerce et en poursuit la réalisation avec d'autant plus de persévérance que cette institution répond à des besoins pressants et aux vœux émis par notre commerce qui, en quelques jours, a recueilli les deux cent mille francs nécessaires à son fonctionnement. Il ne nous reste plus qu'à espérer les autorisations ministérielles que nous attendons avec confiance.

J'ajouterai que la Chambre de Commerce est saisie d'une demande pour la création de charges d'agents de change et qu'elle verrait avec satisfaction la négociation possible des valeurs locales à la Bourse ; d'autres questions la préoccupent, notamment celle de la loi sur les accidents du travail, dont l'ajournement tout récemment voté permettra d'attendre les modifications qui semblent devoir être introduites ; mais elles n'ont pas leur place ici.

Tel est le bilan de nos travaux et je saisis l'occasion qui m'est offerte de constater que dorénavant ils seront facilités par les mesures heureuses auxquelles nous applaudissons, que le Gouvernement a prises en créant l'office du commerce extérieur, l'office colonial, les bourses de séjour à l'étranger, en promulguant la loi nouvelle qui, émancipant les Chambres de Commerce, leur permet de se concerter, de se réunir en congrès et de concentrer ainsi des efforts qui, restant isolés, demeuraient souvent stériles. Je souhaite que, pour compléter les progrès ainsi accomplis, les Chambres de Commerce soient saisies avant discussion au Parlement des projets de loi relatifs aux questions commerciales et industrielles afin de pouvoir faire parvenir leurs vœux et leurs études en temps voulu.

Heureuses en effet sont les mesures qui tendent à grouper, à solidariser les intérêts dans ce siècle où le règne de l'industrie et du commerce devient prépondérant; n'oublions pas que la force de nos voisins, le secret de leurs succès rapides et déconcertants, c'est l'association, l'esprit d'union, de persévérance, et que la grandeur d'un pays, sa puissance économique résultent de la collaboration étroite et je dirai cordiale de tous ses citoyens.

Puissent ces sentiments nous pénétrer, réveiller notre esprit d'initiative, stimuler notre patriotisme et concentrer toutes nos énergies vers un but unique, celui de notre régénération commerciale d'où dépendent dans ce monde nouveau, aux transformations si soudaines, la prospérité de notre patrie et sa belle gloire future. Je bois à ses succès en 1900.

Je lève mon verre à M. le Président Loubet, le fidèle gardien de nos institutions républicaines, à MM. les ministres qui vous secondent dans la laborieuse tâche, à la presse que je remercie de son concours, au commerce et à l'industrie, à tous ceux qui se sont unis à nous.

Le Président de la République répond qu'après les travaux qu'elle vient d'accomplir, l'avenir ne réserve pas à la Chambre de Commerce de Dijon une moindre tâche. Une telle compagnie est un des organes nécessaires à la vie de la région.

Une nation comme la nôtre, ajoute-t-il, doit avoir sans doute grand souci des idées pures; elle ne se désintéresserait pas, sans s'amoindrir, des controverses d'ordre théorique; nous ne voulons pas répudier les traditions d'idéalisme qui ont fait dans l'histoire la grandeur de la France.

Mais ce n'est pas seulement sur les champs de bataille ou dans le domaine des idées que les nations sont rivales. La lutte se déplace et se transforme; elle devient de plus en plus vive sur le terrain économique; le commerce, l'agriculture, l'industrie donnent lieu à des défaites ou à des victoires, dont nous avons le devoir de nous préoccuper chaque jour davantage.

Vous en êtes les champions, Messieurs, et vous apportez à défendre nos droits et nos intérêts une énergie, un esprit d'initiative, des qualités pratiques et morales dont le pays tout entier tirera un utile profit.

Les Chambres de Commerce échappent aux divisions politiques. Elles sont comme la zone neutre où s'accordent toutes les opinions et toutes les bonnes volontés. Elles jouissent d'une autorité particulière auprès du Gouvernement qui fait un incessant appel à leur concours. Vous nous aiderez, Messieurs, à ouvrir des voies nouvelles à notre commerce, à protéger nos intérêts toujours menacés par une concurrence croissante, à les faire triompher sur les marchés du monde. C'est là un programme digne de vous et auquel vous ne consacrerez pas en vain tous vos soins.

M. Loubet termine en buvant à la Chambre de Commerce de Dijon et à la prospérité du pays bourguignon.

Tous les convives ont écouté, debout, le discours du Président de la République, et l'ovation d'hier à la salle des États se renouvelle. De longs cris de : « Vive Loubet! Vive la République ! » roulent sous les voûtes de l'ancienne cathédrale.

Pour la fin du banquet, une agréable surprise attendait M. Collot-Laurent. M. le Président de la République lui annonce qu'il est décoré de la Légion d'honneur. Le décret n'a pu être signé, faute d'une disponibilité dans le nombre des croix. Il le sera dans la promotion du 14 juillet.

L'industrie et le commerce dijonnais auront eu ainsi leur part dans les récompenses distribuées au cours de ces fêtes.

Cette heureuse nouvelle clôt dignement le banquet, à l'issue duquel les présidents des Syndicats patronaux sont présentés à M. le Président de la République par le président de la Chambre de Commerce, et l'on se met en route pour le Vélodrome, au milieu des mêmes acclamations qu'hier et sous un gai soleil de printemps.

EN ROUTE POUR LE VÉLODROME

Le trajet de la Bourse de Commerce au Vélodrome est une longue ovation; la population, pressée sur le parcours, garnit les fenêtres, monte sur toutes les saillies, s'accroche aux grilles des allées du Parc, grimpe sur les toits. Tout le monde veut voir.

Les têtes se découvrent, et les acclamations, sans cesse renouvelées, font explosion. Chacun veut encore une fois voir et saluer le Président de la République.

M. Loubet est ravi, les Ministres sont enchantés.

Dijon, la première ville recevant officiellement le président Loubet, montre une fois de plus, en acclamant celui qui personnifie la France et la République, son inaltérable attache-

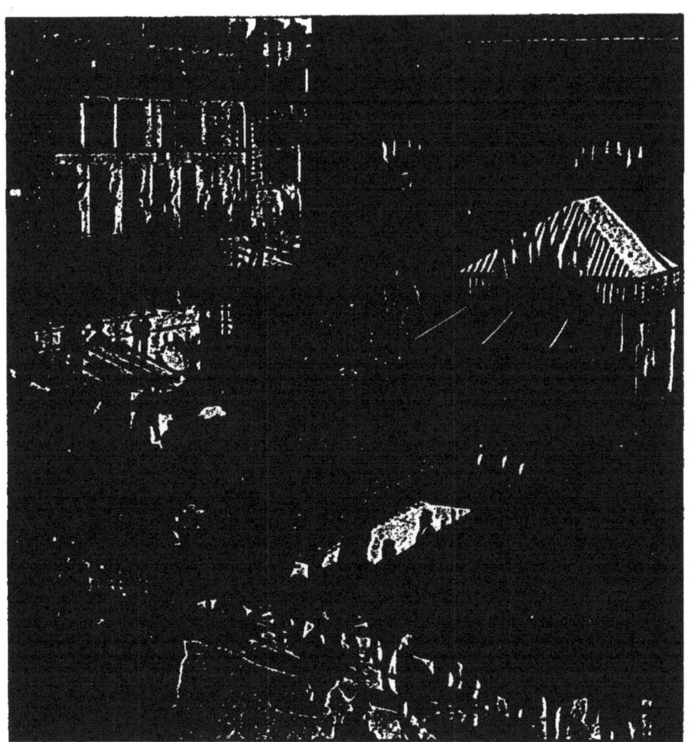

Phot. Alfred Lacreut, amateur.

DÉPART DE M. LOUBET POUR LE VÉLODROME

ment aux institutions républicaines, et le voyage de Dijon restera un événement dont l'importance ne saurait être méconnue par personne.

« Si j'étais chef de l'Etat, écrivait le lendemain dans le *Figaro*, M. Charles Chincholle, je ne rêverais rien de mieux que ces deux journées absolument triomphales. »

LA FÊTE FÉDÉRALE

Dijon sait, mais il convient de rappeler dans ce volume que c'est à l'occasion de la XXVe Fête Fédérale de l'*Union des Sociétés de gymnastique de France*, que M. le Président de la République est venu à Dijon.

Une reconnaissance particulière est donc due à l'*Association fraternelle des Sociétés de gymnastique de la Côte-d'Or* qui, par l'organe de M. Georges Richard, délégué, obtenait à Saint-Étienne, en 1898, la Fête Fédérale pour Dijon en 1899, et à tous les dévoués membres du Comité d'organisation de la XXVe Fête Fédérale présidé par M. J. Vallée, qui ont mené cette grosse entreprise à bonne fin.

Mais avant de donner le compte-rendu de la Fête Fédérale, résumons ce qu'est l'Union des Sociétés de gymnastique de France, ce qu'elle a fait et ce qu'elle espère faire.

L'UNION DES SOCIÉTÉS DE GYMNASTIQUE DE FRANCE ET LES FÊTES FÉDÉRALES

Le 28 septembre 1873, les délégués, au nombre de dix-neuf, représentant neuf sociétés de gymnastique : celles de Paris, de Reims, d'Epinal, de Lunéville et de Valenciennes, se réunirent à Paris, et fondèrent l'*Union des Sociétés de gymnastique de France*, qui est devenue dans notre pays la plus importante association de ce genre.

D'après une statistique récente, publiée par les soins du Comité de permanence de l'*Union* (mai 1899), il existe actuellement en France 809 sociétés de gymnastique; de ce nombre, 544 sont affiliées à l'*Union* et comprennent un effectif d'environ 30.000 membres, tant actifs qu'honoraires.

L'Union des Sociétés de gymnastique de France a pour but :

« 1° D'accroître les forces défensives du pays, en favorisant le développement des forces physiques et morales par l'emploi rationnel de la gymnastique, l'étude du tir, la natation, la topographie, etc., et en rendant ainsi les jeunes gens aptes à acquérir plus rapidement les qualités qui font les bons et solides soldats;

« 2° De défendre la cause de la gymnastique, d'en affirmer et d'en vulgariser l'enseignement et la pratique dans la France entière;

« 3° De provoquer partout dans le pays l'organisation de nouvelles et nombreuses sociétés, et de faire de toutes ces sociétés, réunies en fédération française de gymnastique, une école permanente et patriotique de préparation à toutes les éventualités de l'avenir;

« 4° De poursuivre toutes les mesures légales, budgétaires et autres, susceptibles d'aider à la réalisation de ces programmes.

« Elle s'interdit toute immixtion dans les questions politiques ou religieuses. »

L'Union est administrée par un comité de permanence, (composé de trois membres à l'origine), comprenant actuellement quatorze membres élus par le congrès, et un secrétaire général, élu sur la désignation du président.

Les présidents de l'*Union* depuis sa fondation (1873) ont été :

MM. E. Paz, de Paris (1873-75) ; O. Doyen, de Reims (1875-76) ; H. de Jarry, d'Epinal (1876-77) ; J.-J. Ziégler, de Paris (1877-78) ; Baggio, de Lille (1878-1879) ; Callot, de La Rochelle (1879-80) ; Félix Faure, du Havre (1880-81) ; Dr Decès, de Reims (1881-82) ; Douzolle, d'Angoulême (1882-83) ; Lecoq, d'Amiens (1883-84) ; D. Mérillon, de Bordeaux (1884-85) ; Puibaraud, de Nantes (1885-86) ; D. Belle, de Tours (1886-87) ; comte Lemercier, de Saintes (1887-88) ; J. Sansbœuf, de Paris (1888-89-90) ; A. Prudhomme, de Limoges (1890-91) ;

G. Bourcart, de Nancy (1891-92); Lauras, d'Alger (1892-93); Plassan, de Toulouse (1893-94); Parmentier, de Lyon (1894-95); Secrestat, de Périgueux (1895-96); Hannedouche, d'Alger (1896-97); Ch. Cazalet, de Bordeaux (1897-98-99).

Le Comité de permanence de l'*Union*, avec le concours duquel la Fête Fédérale de Dijon a été préparée, était ainsi composé pour l'exercice 1898-1899 :

Président : M. Charles Cazalet, de Bordeaux ; *vice-présidents,* MM. Zierer, de Rouen, et C. Laly, de Compiègne ; *trésorier-archiviste,* M. A. Krug, de Nancy; *secrétaire général,* M. J. Pancol, de Bordeaux. *Membres du Comité :* MM. E. Bellois, Ernest Henry et J. Sansbœuf, de Paris ; M. Deflandre, de Cambrai ; M. Laporte, de Toulouse; M. Manchet, de Châteaurenault ; M. Morel, de Limoges ; M. Wachmar, de Lille ; et MM. Georges Richard et J. Vallée, de Dijon.

M. CHARLES CAZALET, PRÉSIDENT DE L'UNION

Chaque année, une Fête Fédérale de gymnastique est célébrée dans une ville de France possédant au moins une société associée. C'est la principale réunion annuelle des gymnastes français.

La première Fête Fédérale de l'*Union*, organisée par les trois sociétés parisiennes, *la Nationale, la Gauloise* et *la Française*, eut lieu à Paris, au Pré-Catelan, les 16-17 mai 1875 et groupa 45 sociétés, dont plusieurs d'Alsace.

Les autres Fêtes Fédérales, données annuellement et sans interruption, eurent lieu successivement : en 1876 à Reims, en 1877 à Epinal, en 1878 à Paris, en 1879 à Lille, en 1880 à La Rochelle, en 1881 au Havre, en 1882 à Reims, en 1883 à Angoulême, en 1884 à Amiens, en 1885 à Bordeaux, en 1886 à Nantes, en 1887 à Tours, en 1888 à Saintes, en 1889 à Paris, en 1890 à Besançon, en 1891 à Limoges, en 1892 à Nancy, en 1893 à Toulouse, en 1894 à Lyon, en 1895 à Périgueux, en 1896 à Alger, en 1897 à Roubaix, et en 1898 à Saint-Étienne.

Ce sont les délégués des sociétés réunies en congrès qui choisissent, parmi les demandes adressées au Comité de permanence, la ville organisatrice. Dans un but de propagande facile à comprendre, il est tenu compte de cette nécessité pour l'*Union*, d'aller dans les diverses régions de la France ainsi que des ressources dont pourront disposer les organisateurs.

Les dévoués camarades qui ont sollicité et obtenu l'honneur de préparer la fête, se répartissent l'important travail de l'organisation ; ils se divisent en commissions et sous-commissions : technique, finances, secrétariat, travaux, logements et nourriture, réceptions, propagande et publicité, etc. Quelques mois après, les programme et règlement des concours sont envoyés à toutes les sociétés affiliées à l'*Union*, des invitations sont faites aux sociétés des nations amies.

Les gymnastes se mettent au travail, étudient avec soin les mouvements préliminaires d'ensemble et les exercices aux appareils qui leur sont imposés afin d'être prêts à se présenter devant le jury qui devra établir un classement par ordre de mérite.

LE COMITÉ DE PERMANENCE DE L'UNION DES SOCIÉTÉS DE GYMNASTIQUE DE FRANCE

On ne dira jamais trop ce que demande de travail, de persévérance et d'expérience la préparation d'une Fête Fédérale, ni la satisfaction de ces modestes ouvriers lorsque le succès vient récompenser leur zèle et leur dévouement.

Quel beau spectacle que cette jeunesse laborieuse et disciplinée, venue de tous les points du pays pour faire apprécier devant un public d'élite, devant les plus hautes autorités civiles et militaires, ce que donne la pratique de la gymnastique, c'est-à-dire la force, le courage et la confiance en soi. On comprend à sa vue les bienfaits de cette éducation physique que l'*Union* veut propager de plus en plus.

Avec ces gymnastes vifs et robustes, rompus aux fatigues, bons marcheurs et bons tireurs, l'armée aura ses meilleurs soldats, le pays ses plus utiles enfants.

L'*Union des Sociétés de gymnastique de France* qui, par la plus sûre et la plus féconde des propagandes, celle de l'action, a déjà donné vingt-cinq grandes fêtes et qui en prépare de nouvelles, mérite les sympathies et les vœux des patriotes. Chacun peut l'encourager, l'aider dans sa noble tâche et lui apporter sa modeste mais bien précieuse collaboration en s'y faisant inscrire à titre de *membre associé*.

LA PRÉPARATION DE LA FÊTE

Le Congrès de Saint-Étienne avait confié la préparation de la XXVe Fête Fédérale aux sociétés de gymnastique dijonnaises, *l'Avenir, la Fraternelle, l'Indépendante* et *la Sentinelle*, qui en avaient assumé toute la responsabilité.

Ce sont ces quatre sociétés qui constituèrent le Comité d'honneur, le Comité de patronage et le Comité d'organisation de la Fête.

Le Comité d'Honneur comprenait :

Présidents : MM. Magnin, vice-président du Sénat, président du Conseil général de la Côte-d'Or, ancien ministre des Finances; — Mazeau, premier président de la Cour de cassation, sénateur, vice-président du Conseil général, ancien ministre de la Justice; — Le général Caillard, commandant le 8ᵉ corps d'armée; — Cunisset-Carnot, premier président de la Cour d'appel ; — Michel, préfet de la Côte-d'Or; — Adam, recteur de l'Université de Dijon; — Morin-Gacon, maire de la ville de Dijon.

M. GEORGES RICHARD, PRÉSIDENT D'HONNEUR DU COMITÉ D'ORGANISATION

Membres : MM. Plot, sénateur, vice-président du Conseil général; — Hugot, sénateur, vice-président du *Souvenir français;* — Debussy, député de la Côte-d'Or; — Gueneau, député de la Côte-d'Or; — Leroy, député de la Côte-d'Or; — Muteau, député de la Côte-d'Or, conseiller général; — Ricard, député de la Côte-d'Or, conseiller général; — Vaux, député de la Côte-d'Or; — Couyba (Ch.), député de la Haute-Saône; — Général de Ferron, commandant la 15ᵉ division d'infanterie; — Général du Hamel de Canchy, inspecteur général permanent de cavalerie; — Gublan, procureur général de la Cour d'appel de Dijon; — Général Texier de la Pommeraye, gouverneur de Dijon; — Général Moinot-Werly, commandant la 30ᵉ brigade d'infanterie; — Général de Chabot, commandant la 8e brigade de cavalerie; — Noblemaire, directeur de la compagnie des chemins de fer P.-L.-M.; — Alexandre, secrétaire général de la Préfecture; — Jouffroy, sous-préfet de Beaune; — Féchet, sous-préfet de Châtillon-sur-Seine; — Henry, sous-préfet de Semur; — Stehelin, trésorier payeur général de la Côte-d'Or; — Liégeard (Stephen), ancien député, président de la Société d'Encouragement au bien; — Joliet (Gaston), préfet de la Vienne; — Mocquery, ingénieur en chef des Ponts et Chaussées, président de l'Académie de Dijon, président de la Société bourguignonne de géographie et d'histoire; — Nancey, sous-préfet de Dunkerque, ancien sous-préfet de Beaune; — Darras, général en retraite.

Le Comité de Patronage comprenait :

Présidents : MM. Party, président du Tribunal civil de Dijon, ancien président du Club Alpin: — Desgrange, président du Tribunal de commerce; — Collot-Laurent, président de la Chambre de commerce.

Membres : MM. Philippot, avocat, vice-président du Conseil général; — Gaffarel, doyen honoraire de la Faculté des lettres, conseiller général; — Messner, brasseur, président de l'*Union Musicale*, conseiller général; — Galliot, ingénieur en chef des Ponts et Chaussées, conseiller général; — Garnier, conseiller général; — Patey, docteur-médecin, conseiller général; — Berthaut, notaire, adjoint au maire de Genlis, conseiller général; — Nourissat, ancien bâtonnier de l'Ordre des avocats, président de la Société des Amis de l'Université, conseiller général; — Meurgey, industriel, ancien maire de Tarsul, conseiller général; — Bassot, minotier, maire de Renève, conseiller général; — Frochot, notaire, ancien maire de Saint-Seine-l'Abbaye, conseiller général; — Girard, notaire, maire de Sombernon, conseiller général; — Vollot, banquier, maire d'Arnay-le-Duc, conseiller général; — Martenot, maire de Cussy-la-Colonne, conseiller général; — Charles (Pierre), conducteur des Ponts et Chaussées, conseiller général; — Carnot (Ernest), ancien député, conseiller général; — Bouhey-Allex, maire de Villers-la-Faye, conseiller général; — Gagey, docteur en médecine, maire de Pouilly-en-Montagne, conseiller général; — Mousson, vétérinaire, conseiller général; — Misset, notaire, maire d'Aignay-le-Duc, conseiller général; — Paris, maire de Châtillon-sur-Seine, conseiller général; — Terrasson, entrepreneur de travaux publics, maire de Brenne, conseiller général; — Bordet (Alfred), maire de Leuglay, conseiller général; — Benoist, avocat à la Cour d'appel de Paris, conseiller général; — Cortot, avoué à Paris, conseiller général; — Bonnard, industriel, maire de Saulieu, conseiller général;

Thuriet, procureur de la République, à Dijon; — Colonel de Virieu, commandant le 27e régiment d'infanterie; — Commandant Grandjean, chef d'état-major de la 15e division d'infanterie; — Deschamps, inspecteur d'Académie; — Docteur Zipfel, professeur à l'École de médecine et de pharmacie de Dijon; — Bourlier, proviseur du lycée Carnot; — Idoux, directeur de la Banque de France, à Dijon; — Pichat, ancien agréé à Dijon, juge à Vassy; — Thomas-Bassot, président du Conseil d'arrondissement; — Mony-

Refroignet, maire de Francheville, vice-président du Conseil d'arrondissement ; — Martin, maire de Saint-Apollinaire, président du Syndicat des agriculteurs de la Côte-d'Or, conseiller d'arrondissement ; — Dupuy, viticulteur, conseiller d'arrondissement ; — Durnet, avocat à la Cour d'appel de Dijon, conseiller d'arrondissement ; — Chopard, banquier, conseiller d'arrondissement ; — Tresse, propriétaire, maire d'Avot, conseiller d'arrondissement ; — Perrin, industriel, maire de Til-Châtel, conseiller d'arrondissement ; — Tatigny, agriculteur, conseiller d'arrondissement ; — Cabet (Louis), maire de Maxilly-sur-Saône, conseiller d'arrondissement ; — Lescure, maire de Selongey, conseiller d'arrondissement ; — Béné, maire de Mâlain, conseiller d'arrondissement ;

Charlot, Docteur Roland, Marpaux, adjoints au maire de Dijon ; — Brenot, négociant en vins, juge au Tribunal de commerce ; — Darnel, industriel, juge au Tribunal de commerce ; — Richard (Lucien), industriel, juge au Tribunal de commerce ; — Ferry, propriétaire, secrétaire de la Chambre de commerce de Dijon ; — Bouhey (Philippe), industriel, membre de la Chambre de commerce de Dijon ; — Fontbonne, président du Syndicat des vins en gros et spiritueux, membre de la Chambre de commerce de Dijon, ancien président du Tribunal de commerce ; — Regnier (Théodore), président de l'Union des Chambres de commerce de la Bourgogne, membre de la Chambre de commerce de Dijon ; — Mortet, directeur de forges à Sainte-Colombe, membre de la Chambre de commerce de Dijon ; — Troubat, minotier à Plombières, membre de la Chambre de commerce de Dijon ; — Cauvard, président du Tribunal de commerce d'Auxonne, membre de la Chambre de commerce de Dijon ; — Bordet, ancien député, ancien maire de Dijon ; — Colonel Marchand, ancien conseiller général, ancien maire de Dijon ; — Robelin, ancien conseiller général, ancien maire de Dijon ; — Gaulin-Dunoyer, ancien président de la Chambre de commerce ; — Regnier (Jules), ancien président du Tribunal de commerce de Dijon ; — Mugnier (Frédéric), ancien juge au Tribunal de commerce de Dijon ; — Grandpré, président d'honneur de l'Association fraternelle des sociétés de gymnastique de la Côte-d'Or, à Beaune ; — Jobard (Paul), du *Bien Public*, vice-président de la Société de tir de Dijon ; — Maigne, rédacteur en chef du *Progrès de la Côte-d'Or ;* — Obein, rédacteur en chef du *Petit Bourguignon ;* — Deshérault, architecte de la ville de Dijon ; — Jollet (Albert), conservateur du Musée de Dijon ; — Corduan, négociant en vins, ancien président du Syndicat des vins en gros et spiritueux ; — Maugey (Georges), négociant, président du Vélodrome de Dijon ; — Pétolat, industriel, ancien conseiller municipal de Dijon ; — Gérault (Georges), négociant à Dijon ; — Laurent (Hippolyte), industriel à Dijon ; — Moser, négociant, consul suisse à Dijon ; — Fontaine, agréé à Dijon.

Le COMITÉ D'ORGANISATION fut ainsi composé :

Président d'honneur : M. Georges Richard, industriel, président du Comité des fêtes de bienfaisance du Commerce et de l'Industrie de Dijon, délégué au Comité de permanence de l'*Union*.

M. J. VALLÉE, PRÉSIDENT DU COMITÉ D'ORGANISATION

Président : M. J. Vallée, rédacteur au *Progrès de la Côte-d'Or*, président de l'*Avenir*, président de l'Association des sociétés de gymnastique de la Côte-d'Or, délégué au Comité de permanence de l'*Union*.

Vice-présidents : MM. A.-V. Thiriet, inspecteur régional de la compagnie Singer, secrétaire général du Comité des fêtes de bienfaisance du Commerce et de l'Industrie de Dijon, président de l'*Indépendante ;* Léon Gonay, négociant en vins, membre du Comité des fêtes du Commerce et de l'Industrie de Dijon, président de la *Fraternelle ;* Charles Dumont, industriel, ancien membre de la Chambre de commerce de Dijon, juge au Tribunal de commerce ; — Charnaux-Gagnard, négociant en vins, président de la *Sentinelle*.

Secrétaire général : M. L. Pichot, sous-chef de bureau à la mairie de Dijon, secrétaire de l'Association des Sociétés de gymnastique de la Côte-d'Or, secrétaire de l'*Avenir*.

Trésorier général : M. L. Tirquit, receveur municipal de la ville de Dijon, membre du Comité du monument Carnot, membre de l'*Avenir*.

Le Bureau-Directeur du Comité d'organisation :

M. A.-V. THIRIET M. VALLÉE M. GONAY

M. TIRQUIT M. CHARNAUX M. J. KOHN M. L. PICHOT

Les Moniteurs de la Fête Fédérale :

M. A. DANGEVILLE — M. J. KOHN — M. E. FRAIROT

M. A. THIERRY — M. CHANTEUR

Moniteur général, directeur des concours : M. J. Kohn, professeur de gymnastique au lycée Carnot.

Moniteurs adjoints : MM. Chanteur, directeur de l'*Avenir* A. Dangeville, directeur de l'*Indépendante*; E. Frairot, directeur de la *Fraternelle*; A. Thierry, directeur de la *Sentinelle*.

Membres : MM. C. Bard, comptable, membre de la *Sentinelle*; — E. Belin, conseiller à la Cour d'appel de Dijon, président de l'*Association des Alsaciens-Lorrains*, administrateur de l'*Indépendante*; — J. Bertin, percepteur, vice-président de la *Fraternelle*; — V. Beuret, comptable, membre de l'*Avenir*; — Ch. Blandin, inspecteur d'assurances, ancien président de la Société de tir des chevaliers de l'Auxois, membre du Comité des fêtes de bienfaisance du Commerce et de l'Industrie; — A. Chassin, ingénieur-directeur du réseau des tramways départementaux de la Côte-d'Or; — Chevenement, maroquinier, moniteur-adjoint de la *Fraternelle*; — C. Chevillot, représentant de commerce, président de l'*Union des Francs-Comtois*; — E. Cosson, négociant en vins, juge au Tribunal de commerce, membre du Comité des fêtes de bienfaisance du Commerce et de l'Industrie, administrateur de l'*Indépendante*; — P. Damidot, courtier de commerce, vice-président du Comité des fêtes de bienfaisance du Commerce et de l'Industrie; — David, cafetier, vice-président de la *Sentinelle*; — E. Delorme, professeur de gymnastique, sous-lieutenant de la compagnie des sapeurs-pompiers, directeur honoraire de la *Fraternelle*; — A. Demarny, moniteur à l'*Indépendante*; — Docteur Gallois, administrateur de l'*Indépendante*; — H. Guignard, comptable, trésorier de la *Sentinelle*; — C. Kraft, comptable, ancien vice-président de la *Dijonnaise*; — M. Mairet, vice-président de la *Sentinelle*; — L. Martin, entrepreneur, membre de l'*Avenir*; — Guy de Massiac, président de la Société de tir de Dijon, vice-président de l'Union des Sociétés de tir de France; — V. Monnot, dessinateur, vice-président de l'*Indépendante*; — Parizot, ancien président de la *Sentinelle*; — L. Perruche, employé de commerce, trésorier de l'*Avenir*; — A. Perruche, voyageur de commerce, membre de l'*Avenir*; — Pillion, négociant, trésorier du Comité des fêtes de bienfaisance du Commerce et de l'Industrie; — Porcherot, peintre sur vitraux, juge au Tribunal de commerce, vice-président du Comité des fêtes de bienfaisance du Commerce et de l'Industrie; — A. Potot, comptable, moniteur de l'*Indépendante*; — L. Rondot, doreur, secrétaire de la *Sentinelle*; — E. Simonot, négociant, juge au Tribunal de commerce, vice-président du Comité des fêtes de bienfaisance du Commerce et de l'Industrie, président de l'Union du Commerce et de l'Industrie de la Côte-d'Or; — R. Simonot, négociant, vice-président de l'*Indépendante*; — P. Soulès, directeur de la Criée municipale; — E. Thomas, vice-président du Comité des fêtes de bienfaisance du Commerce et de l'Industrie; — L. Thomas, commis principal au télégraphe, membre de l'*Avenir*; — P. Tisserandot, conseiller municipal, administrateur de l'*Indépendante*.

En octobre 1898, le Comité d'organisation constituait les différentes commissions entre lesquelles étaient répartis les travaux.

Voici succinctement leur formation et leur fonctionnement.

La Commission du Secrétariat et de la Presse était composée de MM. A.-V. Thiriet, *Président;* L. Pichot, *Vice-Président;* R. Simonot, *Secrétaire,* et de MM. Beuret, David, Blandin, Chevillot, Dr Gallois, Gonay et L. Pillion.

Ses *attributions* comportaient la préparation des listes du Comité d'honneur et du Comité de patronage; les convocations, notifications des décisions du Comité directeur, correspondance générale avec les Sociétés, circulaires et questionnaires, invitations, feuilles de routes; impressions diverses : règlement, programme, cartes, livret avec plan et horaire, etc.; publicité : affiches, articles divers, réclames; demandes de souscriptions et dons; réception et estimation des prix en nature; bureaux de renseignements à la gare, au siège du Comité d'organisation et sur le terrain de Fête; installation dans la ville de plusieurs salles de rédaction pour MM. les membres de la Presse, salles de dessin et chambre noire pour les correspondants des journaux illustrés; organisation des services de reportage pendant la Fête, etc.

La Commission technique était composée de MM. J. Kohn, *Président;* E. Frairot, *Secrétaire,* et de MM. Chanteur, Dangeville, Demarny, Delorme, Kraft, A. Perruche, Potot et Thierry.

Attributions : Préparation des règlement et programme des concours, organisation et police des cortèges et défilés, police du terrain de fête. — Choix et location des appareils. — Répartition des prix, d'accord avec la Commission des finances. — Préparation de la liste des Membres du Jury. — Aménagement des locaux destinés à assurer en cas de pluie la continuation du Concours. — Entente avec la Commission des travaux pour les installations diverses.

La Commission des Travaux et Installations diverses était composée de MM. Eugène Thomas, *Président;* L. Martin, *Secrétaire,* et de MM. Chassin, Bertin, Mairet, Monnot, Parizot, Porcherot et Roy.

Attributions : Installation générale des tribunes, baraquements, tentes, buvettes, vestiaires, ambulances, etc. — Projets d'adjudications des diverses entreprises. — Décoration du terrain de fête; installation d'un podium pour la fête de nuit. — Etablissement, d'accord avec la Commission des finances, du budget des recettes et dépenses. — Pour toutes les installations, cette Commission devait s'entendre préalablement avec la Commission technique.

La Commission des Finances, Trésorerie et Comptabilité était composée de MM. Émile Cosson, *Président;* Bertin, *Secrétaire,* et de MM. Guignard, Kraft, E. Simonot, L. Thomas et Tirquit.

Attributions : Trésorerie, contrôle, comptabilité, indemnités aux jurés, indemnités kilométriques aux Sociétés. — Transports des Sociétés, des appareils, etc. ; démarches auprès des Compagnies de chemins de fer. — Cartes d'entrée, perception et concessions sur le terrain de Fête. — Comptabilité des souscriptions et dons, achat des récompenses, des souvenirs commémoratifs, insignes et accessoires. — Répartition des prix, d'accord avec la Commission technique. — Etablissement avec la Commission des installations du budget des recettes et dépenses. Police des tribunes.

La Commission des Logements et Nourriture était composée de MM. Soulès, *Président;* L. Martin, *Secrétaire,* et de MM. Chevenement, Damidot, David, Guignard, Mairet, Monnot, Perruche, Pillion, Tisserandot.

Attributions : Logement et nourriture des membres du Comité de permanence, des jurés d'étude, du brevet et des concours. Logement et nourriture des gymnastes. Etablisse-

Les Présidents de Commissions :

(1) M. E. BELIN, Fêtes, Musique et Beaux-Arts.
(2) M. J. KORN, Commission technique.
(3) M. A.-V. THIRIET, Secrétariat et Presse.
(4) M. SOULÈS, Logements et Nourriture.
(5) M. E. THOMAS, Travaux et Installations diverses.
(6) M. C. CHEVILLOT, Banquet et Excursions.
(7) M. Ch. BLANDIN, Tir.
(8) M. É. COSSON, Finances, Trésorerie, Comptabilité.
(9) M. L. GAVIT, Réceptions.

ment des buvettes, d'accord avec la Commission des installations, fixation des prix des consommations et leur affichage aux buvettes. Entente avec l'administration de la guerre pour la location de fournitures de couchage.

La Commission des Réceptions était composée de MM. Léon Gonay, *Président ;* R. Simonot, *Secrétaire*, et de MM. Belin, Chassin, Chevillot, Cosson, Damidot, Dumont, Kraft, Simonot (Eug.), Soulès, Thomas (Eug.).

Attributions : Réception des autorités, des invités et des gymnastes. Désignation des commissaires, à raison d'un par Société prenant part à la fête. Préparation de la réception, avec musique, des sociétés arrivant en groupe.

La Commission du Tir était composée de MM. Ch. Blandin, *Président ;* Rondot, *Secrétaire ;* P. Damidot, *Directeur du tir*, et de MM. Berlin, Guy de Massiac, Potot, Roy et Thierry.

Attributions : Entente avec la Société de tir pour organiser au Stand les concours. Préparation de ces concours. Prix à distribuer, d'accord avec la Commission des finances.

La Commission des Banquet et Excursions était composée de MM. C. Chevillot, *Président ;* E. Delorme, *Secrétaire*, et de MM. Chassin, Dumont, Dr Gallois, Kohn, Pillion, Soulès et Thiriet.

Attributions . Organisation du banquet et des excursions. Démarches pour visites des curiosités et usines de la région.

La Commission des Fêtes, Musique et Beaux-Arts était composée de MM. E. Belin, *Président ;* E. Delorme, *Secrétaire*, et de MM. Blandin, Chanteur, Chèvillot, Dr Gallois, Gonay, de Massiac et Thiriet.

Attributions : Décorations d'accord avec la Commission des travaux. Choix du compositeur de la musique des mouvements d'ensemble. — Diplômes, souvenirs commémoratifs. —

Insignes. — Organisation de concours d'accord avec la Commission des finances. — Demandes des musiques civiles et militaires.

Le Service Médical, dirigé par M. le docteur Gallois, était ainsi composé : MM. les docteurs Gallois, Parizot, Cordier, Eymonnet, La Mouche.
M. David, pharmacien.

Enfin, le Service Photographique officiel de la Fête Fédérale avait été confié à l'artiste dijonnais, M. Mazillier, qui avait bien voulu offrir au Comité d'organisation son concours complètement gracieux, et à qui nous devons la plus grande partie des photographies reproduites dans ce volume.

JEUDI 18 MAI

Mr Charles Cazalet, l'aimable et très dévoué président de l'*Union des Sociétés de gymnastique de France*, arrivait à Dijon le jeudi 18 mai 1899 et était reçu à la gare par le bureau du Comité d'organisation de la Fête Fédérale et son président d'honneur.

Le même jour avait lieu la dernière réunion générale du Comité d'organisation dijonnais, réunion dans laquelle étaient prises les toutes dernières dispositions en vue des diverses phases des grandes journées de la Fête Fédérale des 19, 20, 21, 22 et 23 mai.

VENDREDI 19 MAI

Mrs les membres du Comité de permanence, du Comité supérieur consultatif et des jurys d'études de l'*Union* arrivaient à Dijon vendredi.

Les bureaux des secrétariat, finances et renseignements de la Fête Fédérale, très commodément installés à la gare de Dijon, grâce à l'obligeant concours de M. Hadet, Inspecteur principal du P.-L.-M., auquel le Comité est heureux de renouveler ses remerciements, étaient ouverts le même jour et renseignaient chaque société ou chaque membre de l'*Union* à son arrivée dans notre ville.

Les opérations préliminaires à tous les grands concours s'effectuaient. La XXVe Fête Fédérale Française de gymnastique était commencée.

RÉCEPTION DU PRÉSIDENT DE L'UNION

Les Fêtes Fédérales ont eu, en ces dernières années, des débuts les plus heureux et qui ont transformé avantageusement la physionomie des journées préparatoires. Le président de l'*Union*, M. Charles Cazalet, qui a inauguré cette agréable méthode, avait tenu à la continuer à Dijon, et c'est sous les meilleures impressions que se sont ouverts les travaux et les fêtes proprement dites. Il est juste d'ajouter que la contribution des dames a largement aidé à ces succès; ces gracieuses participations sont à encourager à tous les points de vue.

Or donc, le vendredi 19 mai, le président de l'*Union* et Mme Ch. Cazalet ont offert un déjeuner de 27 couverts, à l'hôtel de la Cloche, à Mmes G. Richard, Vallée, aux membres du Comité de permanence, du bureau du Comité d'organisation, etc. En dehors du monde gymnaste, M. Bordet, ancien député, ancien maire de Dijon, président du Comité du Monument Carnot; M. Collot-Laurent, président de la Chambre de Commerce de Dijon, et les trois représentants de la presse dijonnaise avaient répondu à l'invitation du président de l'*Union*. A ce déjeuner, magnifiquement servi, des toasts ont été portés à la Fête Fédérale, à l'*Union*, à la gymnastique, aux dames et à Dijon, par MM. Cazalet, Vallée, G. Richard et Collot-Laurent.

Une réception ouverte, de trois à cinq heures, a permis à différents membres des Comités d'honneur et de patronage de la Fête Fédérale, du Comité central des fêtes des 21 et 22 mai, du Comité des Fêtes de bienfaisance et à de nombreux gymnastes, les premiers arrivants, de saluer Mme Ch. Cazalet et le président de l'*Union*, qui leur ont fait l'accueil le plus empressé.

LE COMITÉ DE PERMANENCE

A neuf heures du soir avait lieu, sous la présidence de M. Ch. Cazalet, la première réunion, à Dijon, du Comité de permanence qui recevait et adoptait les rapports annuels de M. J. Pancol, secrétaire, et de M. Krug, trésorier de l'*Union*, et examinait de nouveau diverses questions importantes et notamment celles des gymnastes au régiment, de l'Ecole normale civile de gymnastique, des prochaines fêtes fédérales et de la diminution de la cotisation des Sociétés affiliées.

SAMEDI 20 MAI

Dès le matin, le Comité de permanence et le Jury d'études de l'*Union*, accompagnés des membres de la Commission technique dijonnaise, inspectaient au Vélodrome le terrain de fête et les diverses installations.

Phot. Alfred Bl[illegible], amateur.

L'ARRIVÉE D'UNE SOCIÉTÉ

A dix heures, MM. les membres du Comité supérieur consultatif de l'*Union* se réunissaient pour étudier en commun les questions portées à l'ordre du jour du Congrès devant être tenu dans l'après-midi.

RÉCEPTION DE M. VALLÉE

A midi, M. J. Vallée, président du Comité d'organisation, offrait à son domicile un déjeuner au président de l'*Union* et à Mme Cazalet, au Comité de permanence et au Bureau du Comité d'organisation, déjeuner plein de cordialité auquel Mme Vallée présidait avec une parfaite bonne grâce, où les toasts les plus aimables d'arrivée et de bon accueil étaient échangés au champagne, et où M. Vallée était heureux de rappeler les relations amicales, l'entente intime, étroite même, la communauté de vues et d'idées qui n'ont cessé d'exister entre le Comité de permanence et le Comité d'organisation dijonnais.

Le soir, à une heure, avait lieu au *Stand du Bocage*, l'ouverture des concours de tir par les gymnastes, concours dont les épreuves, sur lesquelles nous reviendrons, ont été fort intéressantes.

LE 52e CONGRÈS DE L'UNION

Beaucoup de délégués ! A deux heures et demie, près de trois cents Sociétés sont représentées au Congrès de l'*Union des Sociétés de gymnastique de France*, de nombreux membres associés assistent, en outre, à cette réunion ; aussi les places de l'orchestre du grand théâtre de Dijon sont insuffisantes et un certain nombre de loges sont garnies de notabilités gymnastiques.

Sur la scène, le président de l'*Union*, M. Ch. Cazalet, entouré de tout le Comité de permanence, des membres d'honneur, des présidents des Associations régionales ou départementales de gymnastique, dont le nombre est très important. On se montre tout particulièrement M. Belle, le distingué sénateur d'Indre-et-Loire, et M. Cuvier, le vénérable président de l'Association du *Pays de Montbéliard* qui ont respectivement 76 et

82 ans et qui sont d'une étonnante vigueur; le poids des ans n'a pas lassé, bien au contraire, leur dévouement pour la cause de la gymnastique qui est de tous les instants. Honorons ces vaillants doyens de leur concours si persistant et souhaitons de les posséder pendant de longues années encore.

Le Congrès procède à l'admission de nouvelles Sociétés, puis il inscrit avec enthousiasme une foule de membres associés jusqu'au numéro matricule 993. Quelques adhésions sont demandées, suivant l'excellent usage, pendant le Congrès; au moment où le numéro 1,000 est atteint, l'assemblée fait preuve d'une très aimable galanterie en l'octroyant à une dame.

L'assemblée entend ensuite avec autant de plaisir que d'intérêt les rapports du secrétaire, M. Pancol, et du trésorier, M. Krug. La situation morale de l'*Union* est en grand progrès, avec une continuité d'ascension très marquée. La situation financière n'a rien à lui envier. Ces rapports apprennent aux congressistes que l'*Union* se compose actuellement de 544 Sociétés. Le concours fédéral de Dijon a amené l'adhésion de Sociétés nouvelles. Dans toute la région se sont fait inscrire de nouveaux membres associés.

A signaler parmi ces nouvelles adhésions celle de Mme Georges Richard, dont le nom soulève de chaleureux applaudissements.

Le Congrès examine ensuite les différentes autres questions portées à son ordre du jour, décidant notamment que la XXVIe Fête Fédérale aura lieu à Paris en 1900, et que la XXVIIe Fête Fédérale se tiendra à Nice, à Pâques 1901.

Après l'adoption d'un ordre du jour tendant à continuer les démarches entreprises par l'*Union* relativement à la question des gymnastes à l'armée, qui intéresse au plus haut point l'avenir de la gymnastique et celui de l'armée nationale, le Congrès adopte deux propositions ayant pour but de créer des prix Félix Faure et Carnot, en souvenir des regrettés Présidents de la République dont les noms sont si chers aux cœurs des gymnastes.

M. Cazalet prononce, à ce moment, une éloquente allocution où il adresse un souvenir ému à la mémoire de Félix Faure qui, en 1881, était président de l'*Union des Sociétés de gymnastique.* M. Cazalet termine en adressant un respectueux hommage à M. Emile Loubet, et de chaleureuses félicitations aux organisateurs dijonnais de la XXVe Fête Fédérale.

Avant la clôture du Congrès, M. Georges Richard, président d'honneur de la XXVe Fête Fédérale, souhaite la bienvenue aux délégués gymnastes présents et très cordialement les invite pour le soir même à une réunion intime dans les salons du Marais.

Les délégués se séparent à six heures, après quelques mots du Président de l'*Union* prononçant la clôture du Congrès, et se donnent rendez-vous à cette fête.

A L'HOTEL DE VILLE

A l'issue du Congrès, le Comité de permanence de l'*Union* se rend à l'Hôtel de Ville de Dijon, dans la magnifique salle des Etats de Bourgogne pour recevoir, de concert avec la Municipalité de Dijon, les délégués étrangers et le drapeau fédéral escorté par les vaillantes sociétés de Saint-Etienne.

Toute la Municipalité est présente, sauf M. le Maire de Dijon qui a été appelé au dernier moment à la Préfecture pour régler un ordre de détail et qui a prié M. l'adjoint Charlot de recevoir les délégués.

Les membres du bureau du Comité d'organisation de la XXVe Fête Fédérale, MM. Georges Richard, J. Vallée, Thiriet, Gonay, Pichot, Tirquit, Kohn, etc., entourent le dévoué président de l'*Union.*

Les sociétés étrangères sont là : la *Genève-Bourgeoise-Grottes,* la *Marchiennoise,* la *Fédération belge,* l'*Etoile de Monaco,* la *Société suisse de Paris;* toutes les sociétés de la Loire, la *Stéphanoise,* l'*Espérance,* la *Fraternelle,* les *Touristes de Bel-Air,* les *Volontaires Stéphanois*, l'*Alsace-Lorraine*, la *Patriote*, les *Enfants de la Loire* : ce sont ces dernières qui vont faire remise du drapeau fédéral à notre ville.

Très remarquées aussi les sociétés africaines, certaines en costumes des plus pittoresques : la *Bravoure*, de Bougie, 12 gymnastes en tenue blanche ; la *Sétifienne*, 9 gymnastes en veste et béret rouges; le *Club des Amis gymnastes d'Alger*, 8 gymnastes vêtus de molleton blanc, avec ceinture bleue ; et surtout les 10 membres de la *Maison-Carrée*, d'Alger, qui font sensation avec leurs vastes burnous blancs.

LES GYMNASTES ALGÉRIENS

Il est près de 6 h. 1/2 quand le porteur du drapeau fédéral entre dans la salle des Etats de Bourgogne, accompagné par les soixante musiciens de la *Lyre Belfortaine* et va se placer en face de la tribune où se tiennent groupés les autorités et invités ; les porte-drapeaux des autres sociétés stéphanoises suivent derrière avec leurs drapeaux, et toute l'allée centrale de la salle n'est plus qu'une longue file de drapeaux.

M. Cazalet, président de l'*Union de France*, prend le premier la parole :

Monsieur le Maire,
Messieurs les Membres de la Municipalité de la ville de Dijon,

Devant le drapeau fédéral gardé avec tant de patriotisme par nos camarades de Saint-Étienne, j'ai le grand honneur de vous présenter les membres de l'Union des Sociétés de gymnastique de France venus prendre part aux travaux du 52e Congrès et à la XXVe Fête Fédérale préparée par vos concitoyens.

Je vous présente spécialement, Monsieur le Maire, les délégués étrangers, nos amis de Belgique, de Suisse et de Hollande, que nous sommes si fiers de voir à côté de nous.

Les fêtes de dimanche marquent pour nous les Noces d'argent des fêtes fédérales et nous sommes particulièrement heureux de les célébrer à Dijon, cette jolie ville, justement fière de ses souvenirs historiques, se confondant souvent avec ceux de la France elle-même ; à Dijon, ancienne capitale de cette belle Bourgogne où naquirent tant d'artistes, d'écrivains et d'orateurs !

Et quels écrivains ! Quels artistes ! Quels orateurs !

Les Paul Cabet, les Rameau, les Rude, les Buffon, les Crébillon, les Lamartine, les Bossuet et les Carnot — pour ne nommer que ceux-là.

A l'aurore de vos grandes journées, permettez au président de l'*Union* de vous dire, Messieurs de la Municipalité, membres du Comité d'organisation, que vous avez vaillamment fait votre devoir, tout votre devoir.

Encore une fois, merci.

Je bois en votre nom, Messieurs et chers camarades, à la ville de Dijon, à son Maire et à son Conseil municipal et au succès assuré de la XXVe Fête Fédérale qui sera le triomphe et la glorification de l'idée de Gymnastique, inséparable pour nos amis de l'idée de la Patrie.

Vive la France !
Vive Dijon !

Son allocution est unanimement applaudie.

M. Charlot, adjoint au Maire, au nom de la ville de Dijon, souhaite alors en ces termes la bienvenue aux gymnastes :

Messieurs les Gymnastes,

Au nom du Conseil municipal et au nom de tous mes concitoyens, je vous salue ; vous êtes nos hôtes, soyez les bienvenus.

Vous êtes venus prendre part à nos fêtes et fraterniser avec vos camarades de France.

Tous les Dijonnais vont faire l'impossible pour que vous emportiez de votre visite, dont ils sont très honorés et très fiers, un bon souvenir de la cordiale hospitalité qui vous aura été donnée dans notre ville.

Dijonnais, gymnastes français, levons nos verres à la santé des gymnastes étrangers.

Puis M. Vallée, président de la XXVe Fête Fédérale, prononce l'allocution suivante :

Mes chers Camarades belges, suisses et hollandais,

Nous aurions manqué à notre devoir si, à votre arrivée à Dijon, nous ne vous avions pas reçus dans cette belle salle des Etats de Bourgogne, mise gracieusement à notre disposition par la Municipalité dijonnaise, qui veut bien également vous offrir ce vin d'honneur.

Vous n'avez pas hésité à passer la frontière pour vous associer à la grande manifestation annuelle de l'*Union des Sociétés de gymnastique de France.*

Permettez-moi de vous en remercier et de vous souhaiter la bienvenue.

Ces souhaits de bienvenue, je les adresse aussi, au nom du Comité d'organisation, aux sociétés algériennes qui n'ont pas regardé à la distance pour prendre part à la XXVe Fête.

Enfin nos meilleurs souhaits à nos camarades de Saint-Etienne qui sont venus nombreux à Dijon, accompagner le drapeau de l'*Union* qu'ils ont conservé pendant un an avec un soin jaloux et dont à notre tour nous aurons bientôt la garde.

Je termine, mes chers camarades, en levant mon verre à vous tous.

A votre santé !

Un vin d'honneur est servi pendant que la *Lyre Belfortaine*, sous la direction de son chef, M. Istre, exécute *La Marseillaise*, qui est accueillie par les bravos frénétiques des gymnastes et des invités.

Les verres s'entre-choquent, le contact officiel est dès lors pris.

Dijon a reçu ses hôtes, ils sont maintenant de la maison. La réception a été loyale, cordiale et franche, heureux prélude des solennités des deux jours qui vont suivre et nos invités ont trouvé au milieu de la population dijonnaise un accueil enthousiaste des plus sincères qui ira toujours grandissant.

LE DINER DU COMITÉ DE PERMANENCE

Après cette chaleureuse réception laissant au cœur de tous le meilleur souvenir, le Comité de permanence offrait à dîner aux délégués étrangers et au nouveau membre du Comité de permanence, M. le docteur Convers, de Saint-Etienne.

LE JURY DES CONCOURS

A huit heures et demie du soir, avait lieu au gymnase du lycée Carnot, la réunion du Jury des concours de la Fête Fédérale, réunion ouverte par M. Zierer, vice-président du Comité de permanence, qui souhaitait aux jurés une cordiale bienvenue. Le Comité d'organisation était représenté par son président, M. Vallée.

Voici la composition du Jury des concours de la Fête Fédérale, auquel a incombé l'importante mission de juger les nombreuses épreuves des différents concours :

BUREAU. — *Président :* M. P. Christmann, Paris; — *Vice-Président :* M. Mougenot, Gray; — *Secrétaire :* M. Blanchard, Saint-Etienne.

Membres : MM. Auvolat, Mâcon; — Allonis, Grenoble; — Avoiron (Henri), Paris; — Biot, Dijon; — Bienaimé (Arthur-Léon), Amiens; — Bouvard (Antoine), Bourg; — Brié (Ernest), Reims; — Bavoux, Langres; — Beneu, Dijon; — Chapuillot, Dijon; — Camut (Gaston), Vienne; — Couturier (Maurice), Laon; — Daouze, Dijon; — Dubois (Charles), Besançon; — Dupuy (Georges), Besançon; — Déhy, Dijon; — Damon, Lyon; — Dufaus (Gabriel), Mustapha (Algérie); — Duclaux (L.), Vouziers; — Delorme (Antoine), Lyon; — Descombes, Dijon; — Etienne (Auguste), Nantes; — Fossard, Héricourt; — Fanjolle (Benoît), Lure; — Guillemin, Dijon; — Guiral (Jean), Beaune; — Garric, Bourges; — Godot (Antoine), Montceau-les-Mines; — Gorsch-Chacou, Neuilly-sur-Seine; — Godignon (Henri), Nevers; — Gaillard (Alexandre), Besançon; — Gaudier, Clichy (Seine); — Gonthière, Dijon; — Gélas, Paris; — Greppo, Lyon; — Hamelin, Paris; — Hilaire (A.), Villeneuve-Saint-Georges; — Hémar, Le Raincy; — Hequet, Pont-Saint-Maxence; — Jacquemin (Jules), Romilly-sur-Seine; — Jullien (Georges), Nogent-sur-Marne; — Japin (E.), Is-sur-Tille; — Jonard (Alexandre), Montpellier; — Joliveau, Dijon; — Janniard (Henri), Beaune; — Kœling, Dijon; — Keusch (Emile), Nogent-sur-Marne; — Lebœuf, Dijon; — Louis (Paul), Saint-Dié; — Labadie (Jean), Bordeaux; — Lullier, Lyon;

— Leblanc (Henri), Dijon ; — Laurent, Dijon ; — Lamouche (G.), Bordeaux ; — Legendre (Lucien), Châteaurenault ; — Lefebvre (Paul), Baume-les-Dames ; — Médé (Auguste), Besançon ; — Mignon, Dijon ; — Marchand (Louis), Besançon ; — Mondon, Nice ; — Netzer, Dijon ; — Perrin, Bourg ; — Perrin, (B.), Saint-Etienne ; — Pouzadoux (Gilbert), Clermont-Ferrand ; — Pacifique (Adrien), Tours ; — Roth, Dijon ; — Razurel, Dijon ; — Rochefort (Paul), Saint-Chamond ; — Salmon (Eugène), Troyes ; — Sanberli (Adolphe), Valentigney ; — Saclier, Chalon-sur-Saône ; — Signolle, Nice ; — Tallchet (L.), Châteauroux ; — Treille, Maragny (Saône-et-Loire) ; — Touron, Pont-Audemer ; — Vancayzèele (Henri), Lille.

Juré étranger : M. Robelus (Jules), Gand (Belgique).

Jurés militaires : MM. D'Echevannes, capitaine au 27e régiment d'infanterie ; — Grœner, sous-lieutenant au 27e régiment d'infanterie ; — Viard, lieutenant au 131e régiment d'infanterie ; — Jeanjacquot, lieutenant au 10e régiment d'infanterie.

Nous avons eu la grande joie, depuis la Fête Fédérale, d'applaudir à la distinction (bien méritée par plus de vingt-cinq

M. PAUL CHRISTMANN, PRÉSIDENT DU JURY

années d'incessant dévouement à la gymnastique) que le Gouvernement de la République a décernée à M. Paul Christmann, président du Jury des concours de la XXVe Fête Fédérale, en le faisant Chevalier de la Légion d'honneur. Que le vaillant apôtre Paul Christmann sache, par le volume-souvenir des Fêtes de Dijon, combien tous les gymnastes dijonnais ont été heureux à cette nouvelle.

RÉCEPTION DE M. GEORGES RICHARD

Le samedi soir, à neuf heures et demie, M. Georges Richard, président d'honneur du Comité d'organisation de la Fête Fédérale, et Mme Richard recevaient dans les salons du Marais les délégués des gymnastes arrivés à Dijon.

Avec le président de l'*Union*, toutes les notabilités de la gymnastique et de nombreux Dijonnais avaient répondu à cette aimable invitation; beaucoup de dames assistaient à cette soirée où l'on dansa avec beaucoup d'entrain après que chacun fut rassuré sur l'extinction, en cours de terminaison, — sans qu'il y ait eu d'accidents graves, — de l'important incendie qui s'était, vers neuf heures du soir, déclaré à l'Institution Michaud, momentanément convertie en hôtel, et où logeaient MM. les membres du Comité supérieur consultatif, des Jurys d'études et du brevet de l'*Union* (1).

---

(1) L'incendie, occasionné par un accident survenu au transformateur électrique, blessait légèrement notre camarade, M. le capitaine Cazier, président de la société de gymnastique de Creil, juré de la fête, et nos compatriotes, M. le capitaine Daguet, du 27e de ligne, M. Ragonneau et un soldat du 27e de ligne, qui reçurent les soins empressés de M. le Médecin aide-major Poussot du 26e dragons.

Le Comité d'organisation de la Fête avait pris immédiatement toutes les mesures nécessaires pour procurer le logement aux dévoués membres des Jurys de la Fête Fédérale que cet incendie privait de leurs chambres, et le Comité doit, en cette circonstance, remercier vivement M. Deschamps, inspecteur d'Académie, et M. Bourlier, proviseur du lycée Carnot, qui

Les nombreux invités du président d'honneur du Comité d'organisation ont conservé le souvenir de l'exquise bonne grâce de M. et Mme Georges Richard, ainsi que de la toute charmante simplicité d'accueil et de l'inépuisable amabilité de Madame Richard.

DIMANCHE 21 MAI

LES CONCOURS

A cinq heures du matin, les Sociétés font leur entrée sur le terrain de concours, au Vélodrome de Dijon, vaste et superbe emplacement encadré de verdure, des mieux appropriés pour une grande fête de gymnastique. Les concours commencent.

---

avaient immédiatement fait mettre à la disposition des sinistrés les locaux disponibles du lycée.

Le Comité remercie enfin M. et Madame Michaud et M. Gadeault, les propriétaires de l'immeuble incendié, qui, dans cette pénible épreuve, furent aussi aimables que vaillants.

MM. Christmann, président, Mougenot, vice-président, et Blanchard, secrétaire du Jury, donnent les dernières instructions pour la mise en train qui se fait rapidement.

Bientôt on travaille partout et avec ardeur, la lutte sera vive; les Sociétés sont nombreuses et bien préparées, les concours sont très intéressants.

Le Jury d'études, spécialement chargé de faire un rapport sur l'organisation de la Fête Fédérale, tient sa première réunion à dix heures sur le terrain de la fête. M. Laly, de Compiègne, vice-président de l'*Union*, préside et remercie ceux qui ont accepté cette délicate fonction : MM. Kœnig, de Lyon, ancien vice-président de l'*Union;* — Déchaud, de Saint-Étienne, président du *Comité d'organisation de la XXIVᵉ Fête Fédérale;* — A. Lenglet, d'Arras, président de l'*Association des gymnastes du Nord et du Pas-de-Calais;* — H. Groetzinger, de Paris, délégué par le *Comité d'organisation de la XXVIᵉ Fête Fédérale*, Paris, 1900; — A. Leroy, de Paris, secrétaire général du *Comité d'organisation de la XXVIᵉ Fête Fédérale*, Paris, 1900; — Nano, du Mans, président de l'*Union Sarthoise;* — Vigoureux, consul général, à Nice; — le Président de la Commission du *Gymnaste*, M. Turin, et le conservateur du matériel de l'*Union*, M. Dubourg.

M. Lenglet, d'Arras, est nommé président du Jury d'études; M. A. Leroy, de Paris, secrétaire-rapporteur.

A onze heures et demie, a lieu avec le concours des musiques militaires, la première répétition générale des exercices d'ensemble avec chant, et gymnastes et jurés, dont un grand nombre ont passé la nuit en chemin de fer, vont prendre un repas réparateur.

LE DÉJEUNER DE M. GEORGES RICHARD

A midi, M. Georges Richard, président d'honneur du Comité d'organisation, et Mᵐᵉ G. Richard offraient, dans les salons du Marais, un déjeuner de cinquante couverts au Comité de permanence de l'*Union des Sociétés de gymnastique de France*, au bureau du Comité d'organisation, aux représentants étrangers et à de nombreuses notabilités dijonnaises et gymnastiques.

Parmi les convives : MM. Cazalet, Zierer, Laly, Piot, sénateur, Bontemps, député, Chapuis, député, Vallée, Bourcart, ancien président de l'*Union*, Cauvard et Le Roy, membres de la Chambre de Commerce, Gassier, Kohn et Mmes Cazalet, Bontemps, Vallée et Le Roy. Les invités étaient charmés de l'accueil vraiment gracieux et de l'affabilité de Mme Georges Richard.

De nombreux toasts étaient, au champagne, échangés par MM. G. Richard, Cazalet, Piot, sénateur, Chapuis, député, Cupérus, président de la *Fédération Belge*, Van Aken, représentant la *Fédération Hollandaise*, et Mignot, président d'honneur de la *Fédération Belge*, toasts soulignant la chaleureuse sympathie qui existe entre les hommes de cœur voulant une France forte physiquement et moralement.

LES SOCIÉTÉS

Les Fêtes Fédérales, les plus grandes et les plus belles réunions de l'*Union*, étant aussi les manifestations les plus utiles à la propagation de la gymnastique dans notre pays, nous publions ici la liste des Sociétés et des Délégations ayant pris part à la XXVe Fête Fédérale.

C'est grâce à l'esprit d'abnégation et au dévouement des Sociétés et des gymnastes, c'est avec le concours de toutes leurs bonnes volontés, de toutes les compétences et de tous les efforts réunis, que la Fête Fédérale de Dijon, comme les précédentes, a eu les plus utiles résultats en amenant dans la Côte-d'Or et en Bourgogne la création de nouvelles Sociétés de gymnastique. Et nous devons conserver à cette place, avant qu'ils soient enregistrés sur le livre d'or de l'*Union*, les noms de ces Sociétés, de ces présidents et de ces dévoués moniteurs, à la volonté persévérante qui, comme le disait avec sa chaleureuse éloquence M. Charles Cazalet, à la célébration du XXVe anniversaire de la fondation de l'*Union*, se font « éducateurs de la jeunesse, propagateurs de la foi dans les destinées du pays, allant droit devant eux, les yeux fixés sur l'égide sacrée, réveillant partout et sans cesse le goût de la gymnastique, née, disons-le bien haut, née de nos désastres pour les réparer et surtout pour en prévenir le retour. »

SOCIÉTÉS DE GYMNASTIQUE AYANT PRIS PART A LA XXVᵉ FÊTE FÉDÉRALE

L'astérisque, dans la colonne du numéro d'adhésion, indique que la Société est venue *en délégation*.

NUMÉROS d'adhésion	NUMÉROS d'affiliation	NOM DE LA SOCIÉTÉ	VILLE	PRÉSIDENT	MONITEUR
		I. SOCIÉTÉS FRANÇAISES			
*	592	L'Anizienne	Anizy-le-Château.		
110	668	Les Enfants du Revard	Aix-les-Bains	Pin	Magnin.
83	544	Le Réveil	Ambérieu	Gaillard	Thibaut.
*	52	L'Amiénoise	Amiens	Gontier	Briois.
84	460	L'Union Arbresloise	L'Arbresle	Cochard	Péchin.
122	649	Les Enfants d'Arcachon	Arcachon	Roumégous	Herbaut.
175	239	Tout pour la Patrie	Arcachon	Festal	Dupuy.
42	276	La Fraternelle	Argenteuil	Signolle	Boulade.
*	61	Société de gymnastique et armes.	Arras	Lenglet	Audemars.
63	205	La Régénératrice	Asnières	Holzbacher	Adolkin.
*	672	La Vigilante	Aubervilliers	Posiere	Léger.
102	314	L'Espérance	Audincourt	Sahler	Chomot.
199	705	La Vaillante	Autun	Durey	Bailly.
36	628	Les Patriotes de Vaucluse	Avignon	Delorme	Peytié.
114	102	Les XXI	Bar-le-Duc	Pernet	Mallet.
97	702	La Concorde	Bar-sur-Aube	Oudinot	Barry.
113	704	La Beaucourtoise	Beaucourt	Bornique	Renaud.

NUMÉROS d'adhésion	NUMÉROS d'affiliation	NOM DE LA SOCIÉTÉ	VILLE	PRÉSIDENT	MONITEUR
187	377	L'Espérance	Baume-les-Dames	Loison	Lefebvre.
*	324	La Côte-d'Or	Beaune	Huvelin	Guiral.
147	47	La Bourguignonne	Beaune	Charton	Lanier.
65	333	L'Alsacienne « Quand-Même »	Belfort	Schneider	Horstetter.
164	647	Les Enfants de la Valserine	Bellegarde	Ch. Desmer	Gailly.
195	759	La Bellevilloise	Belleville	Moreau	Gasq.
106	10	La Comtoise	Besançon	Frossard	Ressier.
165	213	La Française	Besançon	Hauser	Vaucher.
124	41	La Fraternelle	Besançon	Rebenne	Pourtoy.
137	718	La Patriote	Besançon	Chancy	Antiglio.
135	625	La Languedocienne	Béziers	Jacques	Louis.
10	171	La Bastidienne	Bordeaux	Ch. Cazalet	Bénabent.
14	37	Société de gymnastique de Bordeaux-Longchamps	Bordeaux	Larue	Descoubès.
17	124	La Gironde	Bordeaux	Alauze	Chos.
*	190	Les Patriotes Bordelais	Bordeaux	Dormoy	Weecheder.
179	115	Les Girondins	Bordeaux	Descombe	Moreux.
181	645	L'Avenir	Boulogne-sur-Mer	Magnier	Fournier.
58	337	L'Alouette des Gaules	Bourg	Paraut	Gauthier.
117	681	La Sentinelle	Bourges	Fauconneau	Mirguet.
*	503	La Bouscataise	Le Bouscat	Ducourneau	Caudéran.
177	591	La Sentinelle Brienoise	Brienon	Meigne	Comté.
186	180	La Gaillarde	Brive	Dr Lachaud	Madur.
*	493	Société de Brunoy	Brunoy.		

NUMÉROS d'adhésion	NUMÉROS d'affiliation	NOM DE LA SOCIÉTÉ	VILLE	PRÉSIDENT	MONITEUR
120	640	La Cettoise	Cette	Scheydt	Marty.
8	626	L'Indépendante	Chalon-sur-Saône	Battault	Douriaux.
5	610	Union et Patrie	Chalon-sur-Saône	Jacquetin	Laudrier.
80	15	La Renaissance	Châlons-sur-Marne	Ch. Bernard	Lapanne.
2	134	L'Union de Charenton-St-Maurice	Charenton	Hellion	Pétion.
49	94	L'Espérance	Charleville	David	Rolland.
131	252	L'Avenir de la Beauce	Chartres	Gilbert	Fritel.
90	316	La Châtillonnaise	Châtillon-sur-Seine	Claude	Diébold.
107	264	La Chaumontaise	Chaumont	Goguenheim	Chouard.
56	40	La Vaillante	Clichy	Gaudier.	Racine.
•	173	L'Avenir	Creil	Cazier	Boutillon.
24	731	L'Alliance	Le Creusot	Charleux	Thomas.
68	481	L'Espérance	Digoin	Chopin	Grimaud.
57	682	L'Espérance	Dôle	Lagé	Valette.
178	378	L'Alsacienne-Lorraine	Elbeuf	Blein	Lefebvre.
95	13	Le Réveil	Épernay	Jacques	Moreau.
7	16	La Vosgienne	Épinal	Gazin	Prétot.
11	613	La Diane	Eurville	Simonnot (vice-Pt)	Caillat.
180	747	L'Espérance	La Garenne d'Épinac	Demontière	Regnier.
148	715	La Gexoise	Gex	Frick	Grostabussiat.
161	511	Les Montagnards	Les Granges	George	George (Joseph).
•	79	La Grayloise	Gray	Mougenot	Cognier.
•	312	La Pacifique	Guise.		
38	30	La Haumontoise	Haumont	Dalmas	Grimart.

NUMÉROS d'adhésion	NUMÉROS d'affiliation	NOM DE LA SOCIÉTÉ	VILLE	PRÉSIDENT	MONITEUR
96	107	L'Avenir du Havre	Le Havre	Millee	Anne.
9	16	Les Enfants du Havre	Le Havre	Podesta	Podesta.
•	50	Société « Cercle Francklin »	Le Havre	Lefebre	Duval.
•	611	Société Havraise de gymnastique.	Le Havre.		
93	654	La Vaudoise	Héricourt	Bretegnier	Roth.
•	380	La Hirsonnaise	Hirson	Vilmant	Van-Hooland.
•	754	Le Réveil	Is-sur-Tille	Comte Gudin	Dios.
88	646	Société de gymnastique	Issy-les-Moulineaux	Deprez	Hanoulle.
29	310	La Langroise	Langres	Gloutier	Tisserandot.
•	695	L'Espérance	Liancourt	Siraudin	Delanay.
119	282	Pro Patria	Libourne	Trégnac	Mazoyer.
•	212	La Patriote Limousine	Limoges.		
41	302	La Légère	Lure	Fayolle	Carnet.
134	638	La Luxovienne	Luxeuil-les-Bains	Goulut	Lessertois.
109	424	L'Éclair de Villeurbanne	Lyon	Drut	Perrot.
172	557	Les Enfants de l'Avenir du Ve Arrondissement	Lyon	Bussery	Lesavre.
192	186	La Française	Lyon	D. Gazeneuve	Rouch.
37	464	La Jeune France	Lyon	Chaleyssin	Bédon.
200	218	Les Touristes Lyonnais	Lyon	Terrasse	Lambrescht.
183	496	L'Union Mâconnaise	Mâcon	Du Teil	Fortunet.
33	596	L'Alfortvillaise	Maisons-Alfort	Pichon	Berthoud.
150	423	La Sartholse	Le Mans	Tardif	Merlan.
145	187	La Melunaise	Melun	Meyer (directeur)	Thibault.

NUMÉROS d'adhésion	NUMÉROS d'affiliation	NOM DE LA SOCIÉTÉ	VILLE	PRÉSIDENT	MONITEUR
155	668	La Patriote	Meuilley	Fornerot	Lesourd.
47	394	La Macérienne	Mézières	Bruxelle	Dangy.
87	243	La Gauloise	Montbéliard	Pétermann	Kurtz.
160	448	La Revanche	Montpellier	Matte	Estève.
189	746	La Montzeronnaise	Montzeron	Carré	Leseur.
13	566	L'Abeille Lorraine	Nancy	Gérard	Faburé.
4	372	Les Chasseurs Nancéiens	Nancy	Barbier	Digalle.
166	27	Le Sport Nancéien	Nancy	Krug	Antoine.
182	537	La Narbonnaise	Narbonne	Fabre	Cassa.
185	541	La Fraternelle	Neuveville-les-Raon	Amos	Morin.
121	353	La Nivernaise	Nevers	Pigalle	Gc ìlgnon.
•	743	L'Avenir	Nice	Florès.	
•	635	La Gauloise	Nice	Mondon-Marcu.	
149	559	La Némausa	Nimes	Lamouroux	Signoret.
•	427	La Noyonnaise	Noyon	Dumont	Langlois.
28	298	L'Espérance	Nuits	Morand	Grandné.
•	473	L'Avenir	Oullins	Lang	Bernabé.
174	674	Les Touristes d'Oullins	Oullins	Roy	Picoz.
81	26	L'Alsacienne-Lorraine	Paris	Ch. Franck	Rothé.
35	49	L'Ancienne	Paris	Bodard	Aupoix.
70	83	En Avant	Paris		Moreau.
1	314	La Bellevilloise	Paris	Sattler	Maigret.
133	7	La Gauloise	Paris	Chapron	Pitet.
82	6	La Française	Paris	Prévost	Bauër.

NUMÉROS d'adhésion	NUMÉROS d'affiliation	NOM DE LA SOCIÉTÉ	VILLE	PRÉSIDENT	MONITEUR
6	1	La Nationale	Paris	Sansbœuf	Velat.
21	99	Les Sans-Souci	Paris	Carrue	Peltier.
48	30	La Sentinelle	Paris	Raffron	Cabaud.
101	196	L'Union Nationale	Paris	Lagarde	Mayraux.
184	111	Les Enfants de la Dordogne	Périgueux	Paradol	Audoin.
59	507	La Vaillante	Périgueux	Pradier	Dubois.
162	476	Les Volontaires	Pont-d'Ain	Coslin	Coslin.
191	301	Les Enfants des Roches	Pont-de-Roide	Marcou	Clément.
•	281	L'Alsace-Lorraine	Reims.		
•	8	L'Ancienne	Reims.		
•	5	La Fraternelle	Reims.		
•	2	La Gauloise	Reims.		
•	73	La Patrie	Reims.		
•	69	La Rémoise	Reims.		
•	385	La Sentinelle	Reims.		
•	53	La Vigilante	Reims.		
22	287	La Frontière	Remiremont	Deshlemontiers	Mougeot.
20	419	Les Vigilants de l'Ouest	Rennes	Haffner	Chantrel.
168	267	Les Enfants de la Loire	Roanne	L'Ardaine	Perret.
92	227	La Rochefortaise	Rochefort	Chambard	Turlin.
•	103	La Courageuse	Romilly-sur-Seine	Mangin	Jacquemin.
123	550	L'Ancienne	Roubaix	Viton	Vroman.
•	30	La Roubaisienne	Roubaix	Pennel	Piesvaux.
73	686	L'Avant-Garde	Rupt-sur-Moselle	Pinot	Hingray.

NUMÉROS d'adhésion	NUMÉROS d'affiliation	NOM DE LA SOCIÉTÉ	VILLE	PRÉSIDENT	MONITEUR
66	91	La Santone	Saintes	Vacquier	Lesaoult.
*	478	L'Avenir Bourguignon	Santenay	Barault	Demaizière.
*	664	La Patriote	Sceaux	Marchand	Fouard.
138	319	La Patriote	Seloncourt	Meguin	Dreston.
163	154	La Jeunesse Senonnaise	Sens	Plain	Tourlier.
139	619	L'Étoile	Serrigny	Millot	Legouhy.
*	127	La Soissonnaise	Soissons	Carpette	Barbier.
25	386	La Patriote	Saint-Chamond	Hour	Clerjon.
128	609	L'Alsace-Lorraine	Saint-Étienne	Dardenne	Chanal.
76	359	L'Espérance	Saint-Étienne	Boudon	Chanut.
60	459	La Fraternelle	Saint-Étienne	Portier	Vachon.
31	209	La Stéphanoise	Saint-Étienne	Déchaud	Schaan.
77	576	Les Touristes de Bel-Air	Saint-Étienne	X	Vial.
64	600	Les Volontaires Stéphanois	Saint-Étienne	Bailly	Bachelard.
46	588	La Mont-Armance	Saint-Florentin	Trinquant	Chaton.
*	579	L'Avenir	Saint-Maurice-les-Amiens	Bourgeois	Bienaimé.
*		La Saint-Quentinoise	Saint-Quentin	Drérot.	
158	639	L'Étoile du Bugey	Saint-Rambert	L. Franc	Aubert.
108	150	L'Union	Sainte-Suzanne	L'Épée	Pommey.
*	430	Les Enfants de Talence	Talence	Tournissoux	Irachet.
125	624	Les Touristes Lyonnais	Tarare	Bonnard	Col.
*	200	La Patriotique	Tergnier	Boizette	Secret.
52	383	L'Avenir	Thaon	Montavon	Grosjean.
*	51	La Thiernoise	Thiers	Lafont-Dumas	Chouvel.

NUMÉROS d'adhésion	NUMÉROS d'affiliation	NOM DE LA SOCIÉTÉ	VILLE	PRÉSIDENT	MONITEUR
171	753	L'Avant-Garde Varoise	Toulon	Riou	Lacour.
*	485	Pro Patria	Toulon	Roure	Renoux.
39	561	La Jeunesse de Blanc-Sceau	Tourcoing	Farvacque	Delescluse.
115	289	L'Union Tourquennoise	Tourcoing	Frère	Delannoy.
103	294	La Boroillotte	Valentigney	Pheulpin	Gaillard.
137	382	Le personnel de la Société Solvay	Varangéville-Dombasle	François	Boulet.
*	109	Société de gymnastiq^e de Versailles	Versailles	Lenoir	Ackermann.
142	418	L'Avenir	Vierzon	Legrand	Sauvalle.
133	202	L'Espérance	Villeneuve-Saint-Georges.	Giraud	Hilaire.
140	699	La Fraternelle	Voiron	Crebier	Charvet.
3	329	La Patriote	Alger	Hannedouche	Sebenq.
202	530	Le Club Gymnastique	Alger (Hussein-Dey)	Géniteau	Mercadel.
193	769	Le Club des Amis gymnastes	Alger (Maison-Carrée)	Mélia	Foy.
173	687	La Bravoure	Bougie	Couratin	Couratin.
201	374	Club Gymnastique	Mustapha	Hory (vice-Présid^t)	
169	367	L'Oranaise	Oran	Lamur.	
129	540	La Sétifienne	Sétif	Diot	Canezza.

NOM DE LA SOCIÉTÉ	VILLE	PRÉSIDENT	MONITEUR
II. SOCIÉTÉS ÉTRANGÈRES			
Société Suisse de gymnastique	Besançon	Indermuhl.	
Fédération Belge	Bruxelles	N.-G. Cuperus.	
La Vriendschap	Gand	Wild	Marteau.
La Genève Bourgeoise-Grottes	Genève	Bertholet	Rousset.
La Marchiennoise	Marchienne-au-Pont	Focquet	Motoulle.
L'Étoile	Monaco	Gastaud	Rocchisani.
Société Suisse de Paris	Paris	Moesle	Meier.
III. ASSOCIATIONS			
Association Bisontine	Besançon	Frossard.	
Fédération de la Gironde	Bordeaux	Juillet.	
Association de l'Aisne	Laon	Ermant.	
Union de l'Arrondissement de Lille	Lille	Meurisse.	
Association de Lyon et du Rhône	Lyon	Chambard-Hénon.	
Association de Reims	Reims	Dr Décès.	
Union du Pays de Montbéliard	Seloncourt	G. Cuvier.	
Union de la Loire	Saint-Étienne	Flachier.	

SOUVENIR AUX MORTS DE 1870

A une heure et demie, les Sociétés de gymnastique de Saint-Étienne se réunissent place d'Armes et, précédées de leurs drapeaux et d'une belle couronne cravatée d'un ruban tricolore portant l'inscription : « *Les gymnastes de la Loire à leurs frères morts pour la Patrie à Dijon en 1870* », se rendent — hommage de pieux souvenir — au monument des combattants du 30 octobre pour y déposer cette couronne.

MONUMENT DU 30 OCTOBRE 1870 (*Statue de la Résistance*)

Après avoir défilé, les gymnastes se placent sur deux rangs, tête nue, face au monument, et le commandant Flachier, président de l'*Union des Sociétés de gymnastique de la Loire*, qui est lui-même un des anciens combattants, adresse un salut ému à la mémoire des glorieux morts.

Un salut au drapeau termine cette réconfortante cérémonie, qui fait honneur à nos camarades stéphanois.

L'APRÈS-MIDI

A deux heures et demie a lieu, sur le terrain de fête, en présence de la plupart des membres du Comité de permanence et du Comité d'organisation, la reprise des concours : exercices spéciaux, pyramides, jeux olympiques, etc. De nombreux spectateurs suivent avec intérêt ces luttes entre Sociétés du Nord, du Midi, de l'Est et de l'Ouest, et circulent dans le Vélodrome dont ils admirent l'aménagement spécial qu'en a fait faire, pour les deux journées de la Fête Fédérale, la Commission des travaux et installations diverses, présidée par M. Eugène Thomas, à qui le Comité d'organisation a adressé tous ses éloges pour la parfaite et brillante installation du Vélodrome et de ses dépendances (1).

---

(1) *L'installation du Vélodrome.* — Le désir du Comité d'organisation de donner le plus grand éclat possible aux manifestations gymniques de la Fête, lui avait fait chercher à atteindre le double but suivant : augmenter notablement le nombre des tribunes et places du Vélodrome, et donner à l'ensemble du décor la richesse la plus grande en raison de la présence du Président et des premiers magistrats de la République. Et ce résultat fut atteint complètement, au-delà même des espérances des organisateurs, avec le concours de M. H. Fougerat, architecte, qui élabora et fit adopter les plans et devis d'installation de plusieurs tribunes nouvelles très belles et fort bien comprises qu'il exécuta (ainsi d'ailleurs que les différents autres travaux d'aménagement du Vélodrome), avec le très important matériel de la maison Hillaireau et à la satisfaction absolue du Comité.

LA FÊTE DE NUIT

A neuf heures du soir, toujours au Vélodrome, la grande fête de nuit obtient jusqu'à minuit et demi auprès du public garnissant les tribunes et les pelouses un très vif succès.

Le Vélodrome est entièrement illuminé *à giorno*. De grosses lampes à arc électrique projettent, au-dessus de la grande porte d'entrée du Vélodrome, décorée d'immenses portières frangées, une éblouissante clarté sur le cours du Parc. Les illuminations électriques de la porte même en détaillent son couronnement formé par un grand scriptorium portant sous des guirlandes de fleurs l'inscription : XXVe FÊTE FÉDÉRALE DE GYMNASTIQUE. De hauts chevaliers complètent cet ensemble. Des trophées riches ornent les pieds-droits du portail.

Les concours de productions libres : ballets, tournois, poses plastiques, tableaux vivants et pantomimes, éclairés par des projections électriques, sont très applaudis. Et la *Lyre Belfortaine*, ainsi que l'*Union Musicale de Dijon* qui ont bien voulu exécuter un fort joli concert pendant la fête, reçoivent une forte moisson de bravos.

Cette fête de nuit avait été précédée d'un défilé aux flambeaux des Sociétés y prenant part. Réunies place Saint-Etienne, ces Sociétés avaient gagné le Vélodrome par la rue Chabot-Charny, la place Saint-Pierre et le cours du Parc, entraînant aux accents des musiques qui les escortaient, un nombreux public à la Fête.

LUNDI 22 MAI

Dès six heures du matin, les concours de gymnastique se continuent sur le terrain de fête. Nos Sociétés luttent fraternellement entre elles, rivalité qu'on ne peut qu'encourager puisqu'il s'agit de conquérir vaillamment prix et diplômes.

Les membres du Jury du brevet de l'*Union*, MM. le commandant Flachier, de Saint-Etienne ; le commandant Despatures, de Roubaix ; le capitaine Jules Larrue, de Bordeaux ; D. Seché, président de l'Association de Seine-et-Oise, Seine-et-Marne et Oise, et Corvaisier, professeur de gymnastique à Rennes, font subir aux candidats à ce brevet les épreuves exigées.

LES CONCOURS

Une très grande animation n'a cessé de régner sur le terrain pendant toute la durée des concours ; le nombre considérable de sections concurrentes, plus de cent cinquante, témoigne de l'importance technique de la XXVe Fête Fédérale.

L'exécution a été généralement bonne et très remarquable pour les Sociétés classées en première ligne.

LE CHAMPIONNAT

Le Championnat a été très suivi ; nous y avons retrouvé la plupart des gymnastes qui se sont fait connaître l'an dernier. Bas a été classé premier, distançant Martinez d'un demi-point ; puis c'est Kuppel, Obrecht, Romoli. Quant à Boichot, Lecoutre, Sandras, Schérer, ils sont un peu plus loin. D'autre part, Buttin est simplement spectateur, car il lui est arrivé un accident, sans gravité heureusement, à l'un de ses yeux. Le doyen Pratviel se repose à demi, il conduit la *Bastidienne*. Quant au champion de 1898, Vandeputte, il fait son service militaire, ainsi que Chabert, un autre de ses concurrents.

La lutte a été l'objet de nombreuses passes.

Dans le concours spécial aux associations, signalons hors de pair le *Pays de Montbéliard*, qui a eu le premier prix et qui a obtenu un très vif succès, mérité par une imposante section.

Tout, en un mot, s'est bien et rapidement passé, grâce à la diligence de MM. Christmann, président, Mougenot, vice-président, et Blanchard, secrétaire du Jury, assistés des membres dévoués de la Commission technique de Dijon. Parmi les innovations faites par la commission dijonnaise, nous devons signaler celle qui a été particulièrement appréciée

PYRAMIDE

PYRAMIDE

SIMULTANÉ AU CHEVAL ARÇON

PYRAMIDE

SIMULTANÉ A LA BARRE FIXE

par les gymnastes : chaque Jury remettait au chef de groupe ou à l'intéressé le double calqué de la note de la Société ou section concurrente ou du gymnaste concourant, mesure écartant toute possibilité d'erreur dans les classements définitifs.

Ajoutons qu'aucun accident sérieux ne s'est produit et que le Comité a rendu hommage au dévouement à la cause gymnastique de M. le docteur Gallois, chef du service médical de la Fête Fédérale, et à ses désintéressés confrères ayant, pendant les deux journées de la Fête Fédérale, prêté gracieusement leur assistance médicale au Comité.

Le lundi, à midi, tous les concours étaient terminés.

LE TIR

Les Concours de Tir de la Fête Fédérale ont eu lieu les 20, 21 et 22 mai, au stand du Bocage, gracieusement offert et décoré par MM. les Administrateurs de la Société de Tir de Dijon, qui, durant ces trois journées, ont fait l'accueil le meilleur et ont donné les plus grandes facilités aux tireurs.

Situé sur une hauteur, aux portes de la ville, le stand de la Société de Tir de Dijon, véritable modèle du genre, est merveilleusement installé et possède tous les perfectionnements récents. Très souvent visité, il a reçu de nombreuses délégations officielles étrangères; tous les trois ou quatre ans, de grands concours y ont lieu et leur succès y est le plus vif.

Pendant les concours, MM. Ch. Cazalet, président de l'*Union*, Zierer et Laly, vice-présidents, G. Richard, président d'honneur du Comité d'organisation dijonnais, s'étaient rendus au Stand, accompagnés par M. Ch. Blandin, le dévoué président de la Commission de tir de la XXVe Fête Fédérale, pour témoigner aux administrateurs de la Société de Tir la reconnaissance de l'Union des Sociétés de gymnastique de France et du Comité d'organisation.

Cette délégation reçut de M. Guy de Massiac, le très distingué président de la *Société de Tir de Dijon* et vice-président de l'*Union des Sociétés de Tir de France*, le plus cordial accueil. M. de Massiac fit aux *Unionistes* les honneurs du Stand et, après sa visite détaillée, leur fit découvrir, du faîte du bâtiment, le merveilleux panorama de la ville de Dijon tout entière, puis un horizon s'étendant à perte de vue.

M. de Massiac conduisit ensuite ses hôtes dans son cabinet, où le champagne fut servi. On toasta à la gymnastique, au tir et, parmi la série d'intéressants documents que M. de Massiac montra aux délégués de l'*Union*, nous relèverons, avec son aimable autorisation, les amusantes réglementations suivantes d'une « *ordonnance du noble jeu de l'Arc* », document sur parchemin, daté de 1628 :

« On ne parlera de femmes, de sordonnement ny d'autres mots de paillardises, sur peine d'amende comme dessus.

« Si quelqu'un de l'Arc défie un autre pour un service ou pour un coup, il le doit faire joyeusement et s'il est refusant il doit avoir coupé la teste d'un seau d'eau et s'il ne le sait, on le lui apprendra.

« Si d'aventure deux archers se combattaient et qu'ils eussent leurs arcs bandés pour tirer l'un sur l'autre, les assistants les mettront en paix ou couperont les cordes de leur arc pour éviter au danger qui se pourrait en suivre et que en ce faisant ne se mettent en danger de leurs personnes. »

L'originalité de cette « ordonnance » méritait qu'on l'exhumât.

AU MONUMENT CARNOT

Lundi, à huit heures et demie, les membres du Comité de permanence de l'*Union*, assistés de MM. Cupérus, président et délégué officiel de la *Fédération belge de gymnastique;* Mignot, président honoraire de cette Fédération et membre d'honneur de l'*Union* de France; Van Aken, délégué hollandais; Georges Richard, Vallée, présidents du Comité d'organisation; Bourcart, ancien président de l'*Union*, et des membres du Comité ainsi que des gymnastes non retenus au Vélodrome, sont réunis autour du monument Carnot, inauguré la veille par M. Loubet, pour déposer sur le socle du monument une palme or, chêne et laurier avec le grand médaillon de Chapuis, souvenir ému et reconnaissant de la jeunesse de l'*Union des Sociétés de gymnastique de France* au regretté Carnot, qui présida quatre fois sa Fête Fédérale.

M. Ch. Cazalet, président de l'*Union*, prononce le discours suivant :

Discours de M. Charles Cazalet

Messieurs,

Le cœur étreint d'une indicible émotion, les gymnastes viennent payer leur tribut à la mémoire de celui dont la ville de Dijon a voulu, à son tour, honorer et perpétuer le souvenir, de celui qui fut un exemple dans la vie publique, un modèle au sein du foyer domestique.

M. Carnot a été le premier Président de la République qui nous ait fait l'honneur d'assister aux Fêtes Fédérales de l'*Union des Sociétés de gymnastique de France* : à Paris, en 1889 ; à Besançon, en 1890 ; à Limoges, en 1891 ; à Nancy, en 1892.

Il donnait ainsi à la jeunesse française le témoignage le plus certain de son inaltérable amitié, et il trouvait pour nous parler ces mots qui vont droit au cœur, parce qu'ils partent du cœur.

Au nom de cette jeunesse si vibrante, si loyale et si libérale ; au nom de toutes les Sociétés de gymnastique de l'*Union* ; au nom de tous mes collègues du Comité de permanence, et en mon nom personnel, je dépose au pied de ce monument ces fleurs, hommage trop modeste de notre reconnaissance, tribut trop éphémère de notre admiration si, avec elles, nous ne déposions aussi nos cœurs attristés, mais toujours vaillants.

M. Sansbœuf, membre du Comité de permanence, ancien président de l'*Union* et président du Comité d'organisation de la XXVIe Fête Fédérale, prend ensuite la parole :

Discours de M. Sansbœuf

Messieurs,

Après les émouvants discours qui ont été prononcés hier à l'inauguration de ce monument qui consacre la mémoire impérissable d'un bon et loyal serviteur de la France, il appartient aux représentants de nos Sociétés de gymnastique dont Carnot a été l'ami le plus sincère et le plus fidèle, de faire entendre quelques paroles de souvenir et d'éternelle reconnaissance.

Nous ne devons pas oublier, en effet, et personnellement je n'oublierai jamais, l'immense service que Sadi-Carnot a rendu à l'institution de nos Sociétés de gymnastique et à l'*Union* en particulier, le jour où, sur mes instances, il a accepté de présider notre fête annuelle.

C'était en 1889, au lendemain d'une crise politique qui avait atteint en quelque sorte le prestige de nos Sociétés, que Carnot s'est décidé à patronner de sa haute autorité, l'œuvre patriotique que nous poursuivons. Sa présence à la XVe fête fédérale de l'*Union*, au polygone de Vincennes, a été pour notre cause, une victoire morale dont l'effet bienfaisant n'a pas tardé

Phot. Signelle, amateur.

PENDANT LE DISCOURS DE M. J. SANSBŒUF

à se faire sentir à travers la France entière, pour le grand bien de nos Sociétés et de l'Idée qu'elles représentent. Ça été le point de départ de la participation plus effective du gouvernement, à l'œuvre d'éducation nationale dont nous nous sommes faits les ardents défenseurs.

A ce titre et à bien d'autres, nous devons garder la mémoire de celui qui a été le plus grand bienfaiteur de nos patriotiques Sociétés, dont il a compris les aspirations et le but, et auxquelles il a donné, en maintes circonstances, des témoignages de son intérêt et de son affectueuse sympathie.

Le poignard d'un misérable assassin étranger a pu faire disparaître cette existence si généreuse et si digne, il n'a pas supprimé dans le cœur des gymnastes français, la reconnaissance qu'ils ont vouée à l'homme, au bon Français que fut Sadi-Carnot qui a été et qui restera pour nous la personnification du patriotisme, dans ce qu'il a de plus noble et de plus réfléchi.

Puis M. Bourcart, ancien président de l'*Union*, qui reçut

M. Carnot à la Fête Fédérale de Nancy, prononce un admirable discours qui produit la plus vive et la meilleure impression.

Discours de M. Bourcart

Messieurs et chers Camarades,

Notre excellent président, dévoué camarade et cordial ami, M. Cazalet, a jugé qu'il était à propos d'associer à la cérémonie d'aujourd'hui les présidents de l'*Union* qui eurent autrefois le privilège de recevoir M. le Président de la République Carnot.

Je n'ai pas hésité un seul instant à accepter cette mission, tant est puissant le souvenir que je garde de M. Carnot. Je conserve précieusement dans mon cœur la mémoire des entrevues que j'ai eu l'honneur d'avoir avec lui. Je me rappelle ce premier entretien de novembre 1891, que nous eûmes, mon collègue Krug, secrétaire général de l'*Union*, président du Comité d'organisation de la XVIIIe Fête Fédérale, et moi, guidés par notre excellent et dévoué camarade et fidèle ami, M. Sansbœuf. Entretien tout simple, familier, je dirais volontiers bourgeois. Puis la réception plus solennelle du mois d'avril 1892, où nous étions accompagnés des autorités municipales, préfectorales et des représentants à la Chambre et au Sénat. Et je revois encore là, à un moment, M. le Président Carnot, s'apercevant qu'il manquait un siège, et allant lui-même chercher un fauteuil pour l'un de nous. Je le revois aussi, à son arrivée inoubliable à Nancy et — je me permets ce détail parce qu'il concernait non ma personne, mais mon titre de président de l'*Union* — je revois cet air de connaissance bienveillante et de joyeuse satisfaction, avec lequel, à l'arrêt du train, il se dirigea vers moi, la main tendue, en disant : « Ah! voilà M. Bourcart ».

Ces faits, ces incidents ne sont pas sans importance. Il n'est pas indifférent que, dans notre famille des gymnastes, à laquelle M. Carnot a porté, on s'en souvient, un si vivant intérêt, on sache avec quelle grâce il recevait ceux qui avaient l'honneur de représenter l'*Union*. Il n'est pas indifférent qu'aucun citoyen de France n'ignore que le plus modeste et le plus humble d'entre eux pouvait se présenter en toute confiance devant le chef de l'État, devant celui qui avait la garde et le souci de la direction de la Patrie.

Mais, auprès de ce monument, je suis envahi par une pensée plus large et plus haute. Je songe qu'il y a dans l'histoire, des destinées qui sont plus particulièrement belles, nobles et heureuses; belle et noble, cela ne vous étonne pas, car vous savez que son existence a été tout entière consacrée au travail et au devoir. Vous savez combien, dans les positions successives qu'il a occupées, il a fait preuve de dévouement, de scrupule, de délicatesse, et que même c'est ce renom de haute probité et de délicatesse, entière et courageuse, qui a créé le courant irrésistible qui l'a fait monter à la première magistrature du pays. Mais heureuse! heureuse la destinée de M. Carnot, qui a eu ses jours tranchés par le couteau d'un assassin! Heureuse la famille qui a vécu de pareilles angoisses et qui a perdu un tel chef et d'une telle manière !

C'est qu'ici se dresse devant moi un souvenir de mon enfance, une phrase que l'on nous faisait apprendre sur les bancs de notre vieux collège de Mulhouse, pour la mieux graver dans nos cœurs : « *Pulchrum est, DULCE EST pro Patria mori* ». « *Il est beau, IL EST DOUX de mourir pour la Patrie* ». M. le Président Carnot est mort victime pour la Patrie. Il lui avait rendu de grands services pendant sa vie; et la Providence lui a accordé cette grâce de lui en rendre encore un suprême par sa mort.

Cette mort tragique a provoqué des multitudes de manifestations pieuses, touchantes, cordiales et émues. Il en est venu de toutes parts, de ceux qui avaient été nos ennemis acharnés, de nos amis, de ceux enfin qui depuis longtemps n'avaient point eu l'occasion de nous donner des marques d'attachement. Certes, je sais que la France a été grande à bien des époques de son histoire et qu'elle le sera encore. Elle a été grande par sa prospérité matérielle, son développement industriel et commercial; grande par l'éclat de ses armées et le courage de ses enfants, grande par le rayonnement des idées intellectuelles et généreuses qu'elle a répandues dans l'univers. Mais je me demande si elle a jamais été plus grande que dans ce deuil, enveloppée de son voile de veuve et entourée des couronnes de sympathie mouillées des larmes du Monde !... Et alors, la fin atroce du Président Carnot s'illumine d'une clarté. Nous comprenons qu'elle doit nous inspirer non seulement des sentiments de juste réprobation et d'indignation légitime, de douleur intime et publique, mais aussi, je ne crains pas de le dire, un secret sentiment d'envie... Quel est le Français qui ne souhaiterait point que sa mort pût être utile à sa patrie... Et la Providence a accordé encore au Président Carnot cette autre grâce de ne disparaître qu'après avoir pu donner cette sorte de testament politique, cet admirable discours de Lyon, hanté de cette pensée qui fut la préoccupation de sa magistrature et de sa vie : « Contribuer à sceller l'union patriotique des Français », « Prestige de la France, union des Français », tel est le résumé de toute la vie de M. Carnot. C'est sur ces pensées profondes que je me permets de laisser reposer l'attention de vos cœurs.

M. Cupérus, d'Anvers, dit qu'il tient à honneur de s'associer à la manifestation de ce jour en faveur d'un homme qui a rendu de grands services à la gymnastique. Il salue le petit-fils de l'organisateur de la Victoire, puis, déposant un bouquet, M. Cupérus ajoute : « Ces modestes fleurs seraient bien peu si elles devaient répondre à la grandeur de nos sentiments. »

Belle et touchante cérémonie dans son admirable simplicité.

RÉUNION DU COMITÉ DE PERMANENCE

PRÈS cet hommage à Carnot, le Comité de permanence se réunit de nouveau pour régler différentes questions et élire son bureau pour l'exercice 1899-1900.

Sont élus : président : M. Charles Cazalet; vice-présidents : MM. Ziérer et Laly; trésorier : M. Krug; secrétaire : M. Jean Pancol.

Le Président Cazalet remercie ses collègues de l'honneur qu'ils viennent de lui faire et souhaite la bienvenue à M. le docteur Convers ainsi qu'aux deux délégués du Comité d'organisation de la XXVIe Fête Fédérale, au Comité de permanence, MM. Christmann et Loutil.

LA FÊTE OFFICIELLE

LE GRAND DÉFILÉ

DÈS une heure, toutes les Sociétés de gymnastique et délégations se rassemblent avenue Victor-Hugo dans l'ordre de leur adhésion à la Fête Fédérale, autour des fanions indicateurs de leur place.

A une heure et quart, le cortège s'ébranle, précédé par les musiques des 10e et 27e régiments d'infanterie et accompagné par la *Lyre Belfortaine* et toutes les Sociétés musicales de Dijon qui exécutent des pas redoublés.

Le temps est magnifique, le soleil brille de tout son éclat.

Les gymnastes, en tenue de travail, défilent par rangs de six, le porte-drapeau à quatre pas en avant du centre de la section, le moniteur à gauche. Le fanion est porté par le gymnaste de droite du premier rang.

LE DÉFILÉ

Les clairons et trompettes sont placés en tête de leur groupe respectif, tous les gymnastes sont dans le rang.

Les Sociétés représentées par moins de cinq gymnastes, y compris le porte-drapeau, sont groupées derrière le drapeau de l'Association à laquelle elles appartiennent.

Le cortège, d'une longueur immense, se rend au Vélodrome où, à deux heures, aura lieu la réception de M. le Président de la République sur le terrain de fête. Il traverse d'abord la place Darcy, chaudement acclamé par des milliers de voix et passe sous la Porte-Guillaume dont la décoration, faite par la ville de Dijon, sur les plans de M. Deshérault, l'aimable architecte de la ville, est grandiose. L'arc-de-triomphe, outre les rampes de gaz et les guirlandes de sapin, disparait presque sous les draperies et portières de velours grenat rehaussé de crépines d'or et de glands dorés avec d'immenses câbles entrelacés. Le fronton est couronné de trophées de drapeaux et d'écussons aux armes de la ville. Aux corniches, sont des piques lancées supportant des oriflammes; sur les côtés, quatre faisceaux de licteurs. Face à la gare est cette inscription : « HONNEUR AU PRÉSIDENT »; au côté opposé cette autre : « VIVE LA RÉPUBLIQUE. » Le tout couronné par des trophées de drapeaux et un mât au sommet duquel flotte une oriflamme.

.Le défilé dans la rue de la Liberté est un triomphe pour les gymnastes qui s'avancent salués par de bruyants hourras, sous une voûte ininterrompue d'oriflammes tricolores, de pavillons, d'arcs de triomphe, de bienvenues et souhaits aux gymnastes, et de lampions, au milieu d'une double haie de mâts chargés d'écussons, de trophées de drapeaux, de verres et de papier multicolores et au milieu d'une double ligne de superbes guirlandes de buis et de verdures rehaussées de motifs décoratifs.

Des fenêtres, des balcons et des toits partent les vivats les plus chaleureux au passage des sociétés; des bouquets et des fleurs sont lancés aux gymnastes dont la tenue et l'allure sont excellentes.

Place d'Armes, l'hémicycle de la place et la cour de l'hôtel de ville sont une mer humaine, et les ovations redoublent.

Phot. P. Stahl, amateur.

LE GRAND DÉFILÉ

Dans un ordre parfait, le cortège parcourt la rue Rameau, la place Saint-Étienne, et la rue Chabot-Charny. Cette rue a pris un air gai qui contraste avec l'aspect sévère que lui donnent d'ordinaire ses nombreux hôtels. Des cordons de pavillons relient les mâts plantés le long des trottoirs ; des oriflammes flottent au sommet des mâts. A la hauteur de la rue Legouz-Gerland, une banderolle : HONNEUR AUX GYMNASTES, traverse la rue, au-dessous d'un éventail tricolore, formant arc de triomphe. D'immenses banderoles tricolores pendent tout autour.

PENDANT LE DÉFILÉ

Plus loin, à hauteur de l'hôtel de M. le Procureur général, les gymnastes saluent une magnifique Croix de la Légion d'honneur, suspendue au milieu de la rue, délicate attention en remerciement de la Croix accordée à Dijon par le Président de la République.

Place Saint-Pierre et cours du Parc, la foule est énorme. Le défilé, pour entrer dans les allées du Parc passe sous la porte Condé, surmontée d'un joli panneau décoratif où se détachent en lettres d'or sur fond bleu les inscriptions :

XXVe FÊTE FÉDÉRALE
HONNEUR AUX GYMNASTES

L'heure est proche où le Président de la République va traverser ces voies pour se rendre, à l'issue du banquet de la Chambre de commerce, au Vélodrome, et jusqu'à l'entrée du dernier gymnaste au Vélodrome, c'est une ovation inintcr-

LE GRAND DÉFILÉ DES SOCIÉTÉS DE GYMNASTIQUE

rompue. D'un mot, nous résumerons l'impression de joie que nous avons ressentie en voyant ce défilé : l'enthousiaste accueil fait aux gymnastes a été digne et du vieux renom d'hospitalité dijonnaise et du patriotisme éprouvé de nos concitoyens.

LA FÊTE PRÉSIDÉE PAR M. LOUBET

A une heure et demie, le canon gronde, le Président de la République part pour le Vélodrome.

A deux heures, les tribunes du Vélodrome sont bondées. Entièrement décorées par des bandeaux de velours et de riches étoffes drapées, avec trophées de drapeaux et séries de pavillons maritimes, ces tribunes sont très belles. Au centre de chacune d'elles, un scriptorium portant sa devise (Courage-Patrie-Moralité), forme fronton.

Plus de vingt mille personnes sont dans la vaste enceinte et la comblent. Jamais le Vélodrome ne contint pareille assistance.

Devant le front des tribunes et le long des virages s'étend toute une ligne de grands mâts octogonaux de douze mètres de haut, avec têtes et bagues saillantes dorées, — mâts décorés de trophées et de grandes oriflammes, reliés à leur sommet par des drisses de pavillons de marine; tous ces drapeaux, oriflammes et pavillons flottant librement donnent au Vélodrome une note d'une grande gaieté.

Une garde d'honneur, fournie par le 27e de ligne, flanque de chaque côté la tribune spéciale élevée pour M. le Président de la République, tribune dont l'air de véritable grandeur, la richesse de décoration et l'exquise fraîcheur font l'objet des plus flatteuses appréciations.

Deux heures et demie : les tambours battent et les clairons sonnent au champ. *La Marseillaise* retentit. M. Emile Loubet, Président de la République, s'avance sur le terrain de la fête

Phot. Sepaille, amateur.

L'ARRIVÉE DE M. LOUBET AU VÉLODROME

entre M. Ch. Cazalet, président de l'*Union*, et MM. J. Vallée, président, et Georges Richard, président d'honneur du Comité d'organisation de la XXVe Fête Fédérale, qui sont allés recevoir le Président à sa descente de landau.

M. Loubet est assisté de MM. Charles Dupuy, président du Conseil, ministre de l'Intérieur; Leygues, ministre de l'Instruction publique; Delombre, ministre du Commerce; Jules Legrand, sous-secrétaire d'Etat au ministère de l'Intérieur; Mougeot, sous-secrétaire d'Etat aux Postes et Télégraphes; le général Bougère; le général Caillard; le général Bailloud, secrétaire général de la Présidence; M. Michel, préfet de la Côte-d'Or; M. Morin-Gacon, maire de Dijon; les sénateurs et députés du département et des départements voisins; les membres de la presse; les différentes personnalités de l'entourage du Président; la plupart des conseillers généraux de la Côte-d'Or et les conseillers municipaux de Dijon.

Phot. Walery

M. CAMILLE KRANTZ, MINISTRE DE LA GUERRE

Les membres du Comité de permanence de l'*Union* : MM. Zierer, Laly, Krug, Pancol, Bellois, Docteur Convers, Deflandre, Ernest Henry, Laporte, Manchet, Morel, Sansbœuf, Wachmar, Christmann et Loutil, les membres du bureau du Comité d'organisation dijonnais : MM. Thiriet, Gonay, Charnaux, Pichot, Tirquit et Kohn, les délégués étrangers : MM. Cupérus, Mignot et Van Aken, et les membres des différents Jurys, attendent M. Loubet au pied de la tribune présidentielle. Le Président de l'*Union* les présente au chef de l'Etat qui a une bonne parole pour chacun.

M. le Président de la République exprime à ce moment son

admiration devant la splendeur de cette lignée de tribunes, dont la série de très hauts mâts verts et or surmontés de brillantes oriflammes, relève encore la grande allure.

Phot. Bary.

M. JULES LEGRAND, SOUS-SECRÉTAIRE D'ÉTAT AU MINISTÈRE DE L'INTÉRIEUR

Puis, M. Loubet, par un perron monumental à rampes s'évasant en combes, est conduit à son fauteuil, sur la première plate-forme de la tribune officielle d'où, par un escalier fort élégant, il peut accéder à la terrasse supérieure, et de là, au salon qui lui est réservé. Ce salon, tendu de riche étoffe à semis de R. F. en or, velours à grosses franges d'or, glaces, fleurs et tapis et garni de meubles de soie, est un véritable bijou.

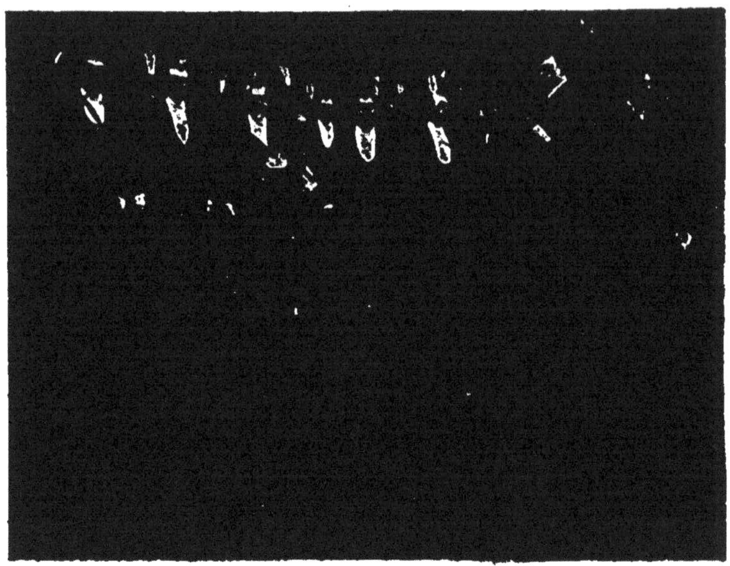

LA TRIBUNE PRÉSIDENTIELLE

Les murs de la tribune officielle sont entièrement garnis de belles tentures en granité rouge semé des monogrammes R. F. Le buste de la République et une grande ornementation florale terminent cette luxueuse décoration où les velours aux tons chauds et les ors produisent un merveilleux effet.

L'ensemble de la tribune présidentielle est enfin couvert par un velum, soutenu par de grandes lances moulurées s'appuyant sur de grands mâts entourés de cordes d'or, qui supportent à leur tour de magnifiques jardinières de fleurs, — ensemble procurant l'ombre nécessaire aux augustes invités des gymnastes.

M. Loubet, les ministres et les personnalités officielles ont pris place à la tribune, salués par la nombreuse assistance. Et le Président remet, aux applaudissements de tous, les récompenses honorifiques suivantes :

Officiers de l'Instruction publique

M. Alfred Krug, trésorier de l'*Union des Sociétés de gymnastique de France*.

M. Jean Morel, président de la société de gymnastique la *Patriote Limousine*, à Limoges.

M. Ernest Podesta, président fondateur de la société de gymnastique les *Enfants du Havre*, au Havre.

Officiers d'Académie

MM. Blanchard, secrétaire du Jury des concours de la XXVe Fête Fédérale de gymnastique ;

Damon, dit Pichot, secrétaire général de la *Fédération des Sociétés de gymnastique du Rhône et du Sud-Est*, à Lyon ;

Degenay, professeur de gymnastique à Lille ;

Gaillard, président de la commission technique de la société de gymnastique la *Comtoise*, à Besançon ;

Gelas, membre de la commission de direction du *Gymnaste ;*

Gontier, président de la société de gymnastique l'*Amiénoise*, à Amiens ;

Kohn, professeur de gymnastique au lycée Carnot, à Dijon ;

Lafont-Dumas, conseiller municipal, président de la société de gymnastique la *Thiernoise*, à Thiers ;

Leymarie, secrétaire général de la *Fédération des Sociétés de gymnastique du Sud-Ouest*, à Bordeaux ;

Pichot, secrétaire de l'*Association fraternelle des Sociétés de gymnastique de la Côte-d'Or*, à Dijon ;

Rezé, directeur de la *Société de tir et de gymnastique de Château-Gontier ;*

A.-V. Thiriet, président de la société de gymnastique l'*Indépendante*, de Dijon ;

Viard, vice-président de la *Société d'appui fraternel de la Côte-d'Or ;*

Vallée, président de l'*Association fraternelle des Sociétés de gymnastique de la Côte-d'Or*, à Dijon ;

Junlard, gymnaste à Hautmont (Nord) ;

Tirquit, receveur municipal de la ville de Dijon, trésorier de la XXVe Fête Fédérale.

Que tous nos camarades, ces gymnastes dévoués, justement récompensés, reçoivent ici nos modestes mais bien sincères félicitations.

REMISE DES PALMES ACADÉMIQUES A M. J. KOHN, MONITEUR GÉNÉRAL

Le Président est à peine assis que la fête commence par une scène grandiose qui fait battre tous les cœurs sous une impression de chaud et viril patriotisme.

Le drapeau fédéral, ce vaillant symbole qui, depuis plus de vingt-cinq années, a propagé dans toute la France une ardeur patriotique toujours croissante; le drapeau fédéral et les cent quarante-deux drapeaux des Sociétés ayant pris part aux concours, accompagnés des délégués des Sociétés stéphanoises, défilent; les porte-drapeaux, la tête haute, le regard fier, s'avancent et viennent se placer face à la tribune d'honneur. Cette entrée des drapeaux est superbe et à la fois impressionnante; l'assistance tout entière est remuée, les fronts se découvrent, et un cri unanime part de toutes les poitrines : « Vive la France! » noble frisson de confiance en tous ces jeunes hommes qui seront un jour les vaillants soldats de notre armée.

L'ENTRÉE DES GYMNASTES

Les trois mille gymnastes devant exécuter les mouvements imposés arrivent alors et se massent derrière les drapeaux, face à la tribune du centre.

LE DÉFILÉ AU VÉLODROME

LA PRÉSENTATION DES DRAPEAUX A M. LOUBET, PRÉSIDENT DE LA RÉPUBLIQUE

Ce mouvement, parfaitement et très rapidement exécûté, fait le plus grand honneur au moniteur général, directeur des concours, M. Kohn, qui en a été vivement félicité.

REMISE DU DRAPEAU FÉDÉRAL

La garde d'honneur de l'emblème sacré des gymnastes de France étant déférée aux Sociétés de Dijon, organisatrices de la Fête Fédérale, M. Déchaud, président du Comité d'organisation de la XXIVe Fête, en remettant à M. Cazalet le drapeau de l'*Union* qui, selon l'usage, était confié à Saint-Étienne depuis la précédente Fête Fédérale qui a eu lieu dans cette ville, s'exprime ainsi :

Discours de M. Déchaud

Monsieur le Président,

L'année dernière, à pareille époque, notre grande association célébrait à Saint-Étienne sa XXIVe Fête Fédérale, sous la présidence de M. Félix Faure, Président de la République. Ce jour-là, l'*Union* confiait aux gymnastes stéphanois la garde de son drapeau et en le recevant de vos mains, Monsieur le Président, je vous assurais du dévouement de tous nos camarades.

Aujourd'hui, la tâche du Comité d'organisation de la XXIVe Fête est terminée et je viens vous remettre le dépôt sacré que Saint-Étienne a eu l'honneur de conserver cette année.

Mais, avant de se séparer de leur étendard, permettez aux gymnastes stéphanois de dire bien haut qu'ils n'ont pas oublié l'engagement solennel, de travailler en s'inspirant toujours de votre devise : Patrie, Courage, Moralité.

Ils n'oublieront pas les conseils que leur donnait, l'année dernière, le regretté Président de la République, M. Félix Faure, quand, au milieu d'eux, sur le terrain de fête, il prononçait les paroles suivantes :

« Je vous adresse mes compliments et mes félicitations pour les mouvements que vous avez exécutés. Mais l'enseignement de la gymnastique n'est pas le seul objet des Fêtes Fédérales, le but est plus élevé. Tous, vous aurez la pensée qu'il s'agit surtout de vous préparer à servir l'armée. Les officiers qui vous voient sont contents du développement de votre instruction ».

Oui, Monsieur le Président, nous sommes heureux et fiers d'être considérés comme les collaborateurs modestes des chefs distingués qui travaillent sans cesse avec amour à rendre notre armée toujours plus forte. Aussi, toute l'ambition des gymnastes est-elle de voir se continuer cette précieuse sympathie.

Vive la France !

Tenant le drapeau et avant de le remettre à M. Vallée, le président de l'*Union* prononce, d'une voix vibrante, le remarquable discours qui suit en face du Chef de l'Etat :

*Discours de M. Cazalet, président de l'*Union

En recevant le drapeau de l'*Union* des mains de nos fidèles amis de Saint-Étienne, je ne puis, au moment de le remettre à nos dévoués camarades de Dijon, me défendre, Monsieur le Président de la République, d'une bien douloureuse émotion. Puis-je oublier, en effet, que ce drapeau nous fut donné en 1881, par votre prédécesseur immédiat, M. Félix Faure alors président de l'*Union ;* aussi vous ne me tiendrez pas rigueur, j'en suis sûr, si aux joies de l'heure présente, je mêle les tristesses du passé et si je confonds dans un même sentiment de reconnaissance l'ami que nous avons perdu et celui, pardonnez la liberté de mon langage, celui que nous avons retrouvé.

Saint-Étienne a su faire bonne garde autour de notre drapeau.

Dijon saura veiller avec le même soin jaloux sur le dépôt sacré que nous lui confions aujourd'hui.

Devant vous, Monsieur le Président de la République, qui nous avez déjà vus à Nancy à la Fête Fédérale de 1892, devant les hauts personnages qui vous accompagnent, nous prenons à témoin le cher emblème que toujours les gymnastes ont été animés de cet esprit de discipline et de devoir qui conduit les nations à la grandeur morale.

Oh ! Monsieur le Président, quelle force nouvelle donnerait le Gouvernement de la République à cette jeunesse vaillante, laborieuse et sage qui se prépare avec tant d'entrain à servir le pays dans les rangs de notre chère armée, si M. le Ministre de la Guerre voulait bien lui accorder des encouragements effectifs ?

Jusqu'à ce jour, nos messagers malheureux nous ont apporté des réponses négatives; qui oserait prétendre qu'il en serait toujours ainsi, si vous-même consentiez à devenir notre ambassadeur?

J'ose, Monsieur le Président, puisque notre admirable démocratie permet au plus petit des citoyens de parler librement au plus grand, j'ose vous le demander au nom de tous mes camarades.

A M. Carnot, à M. Félix Faure, les Gymnastes ont dit publiquement leur ardent amour de la Patrie.

A M. Carnot, à M. Félix Faure, les Gymnastes ont crié bien haut leur profond respect de l'autorité.

A vous, Monsieur Loubet, les Gymnastes confessent le même amour, promettent le même respect et résument tout leur programme, tous leurs espoirs, tout ce qu'ils ont de gratitude et de reconnaissance en s'écriant devant ce Drapeau aux trois couleurs qui évoque tout un passé d'honneur et de gloire :

Vive la France!

Les applaudissements les plus chaleureux éclatent de toutes

Union des Sociétés de Gymnastique de France

1873 Fondée le 28 Septembre 1873 **1899**

SOUVENIR DE LA XXVe FÊTE FÉDÉRALE

Célébrée à Dijon les 21 et 22 Mai 1899

parts, ils redoublent lorsque M. Emile Loubet, Président de la République, rompant avec tout protocole, répond par le discours suivant :

Discours de M. Loubet

Monsieur le Président,

Vous venez de caractériser l'œuvre des sociétés de gymnastique. Ce n'est l'œuvre ni d'hier ni d'aujourd'hui ; c'est avant tout l'œuvre de demain.

Vous préparez les nouvelles générations à passer par cette école du devoir qu'est l'armée nationale, à consentir tous les sacrifices et toutes les immolations pour servir la Patrie et la République. Vous leur enseignez en même temps la discipline, le devoir, le respect de l'autorité, la soumission aux lois de la République.

Votre drapeau, confié à Saint-Étienne l'année dernière, est remis maintenant à la garde de Dijon, la cité patriotique dévouée à la France et à la République : à la France, elle l'a prouvé en 1871, quand ses fils versaient leur sang pour sauver l'intégrité du territoire ; à la République, elle l'a témoigné à chaque élection depuis, je devrais dire avant le 4 septembre.

Je salue en effet ici M. Magnin, le plus ancien des républicains du département, le doyen des représentants du peuple, qui siège au Parlement depuis 1863 et qui, déjà sous l'Empire, y représentait la liberté en attendant la République.

Vous êtes Méridional, vous avez le cœur chaud ; je ne l'ai pas moins que vous : tous ici nous aimons avec une égale ardeur la Patrie. Vous avez fait appel au Ministre de la Guerre. Les devoirs de sa charge ne lui ont pas permis de dérober une journée de plus aux intérêts de la défense nationale et de rester pour entendre votre discours. Soyez sûr que son patriotisme éclairé lui dictera la conduite qu'il doit tenir. Mais M. Charles Dupuy, qui est à mes côtés, n'est pas moins patriote ni moins dévoué au pays que M. Krantz ; il lui transmettra vos vœux. J'en ai été le témoin et j'insisterai au besoin pour que, dans la mesure du possible, les aspirations des gymnastes reçoivent satisfaction.

La proclamation du nom de M. Magnin par le Chef de l'Etat a été accueillie, dans toute l'assistance, par de vifs applaudissements, tandis que l'honorable sénateur s'inclinait, profondément ému par cet hommage vraiment solennel.

M. Vallée, président du Comité d'organisation de la XXVe Fête Fédérale, reçoit le drapeau fédéral des mains du président de l'*Union* qui lui donne l'accolade pendant que la foule applaudit et acclame M. le Président de la République.

M. Vallée prend ensuite la parole :

Discours de M. Vallée

Monsieur le Président,

C'est avec joie, mais aussi avec une certaine émotion, que je reçois le drapeau de l'*Union*, drapeau offert par le regretté Président Félix Faure, qui devait venir présider cette cérémonie.

Je puis vous assurer qu'il sera entre bonnes mains. Les gymnastes de notre patriotique cité, qui a reçu hier même, de M. le Président de la République, la récompense qu'elle méritait pour sa courageuse résistance, veilleront avec soin sur ce dépôt sacré, et, si besoin était, ils sauraient le défendre, comme leurs aînés ont, le 30 octobre 1870, défendu leur ville contre l'envahisseur.

Ce drapeau est pour nous la récompense de nos efforts et un encouragement pour les quatre sociétés de Dijon, organisatrices de la fête.

Tous, nous continuerons à travailler en nous inspirant de la devise : « Patrie, Courage et Moralité », inscrite dans ses plis.

Imitant nos camarades de Saint-Étienne, nous lui constituerons une garde d'honneur et je vous promets qu'elle sera nombreuse pour l'accompagner à Paris lors de la XXVIe Fête Fédérale.

Comptez, Monsieur le Président, sur le dévouement de vos camarades dijonnais.

Vive la France!

Vive la République!

M. Vallée est très applaudi.

LES MOUVEMENTS D'ENSEMBLE — LA CANTATE

APRÈS le salut aux drapeaux, on sonne le garde à vous, et les trois mille gymnastes, en tenue de travail, reviennent sur la pelouse, prennent leurs intervalles et, sur un signe du moniteur général, exécutent les mouvements d'ensemble imposés en chantant le « *Salut des gymnastes à la Bourgogne* », accompagnés par les musiques militaires des 10e et 27e de ligne, sous la direction de l'auteur de cette cantate, M. Stoupan, le distingué chef de musique du 27e régiment d'infanterie.

C'est le clou de la fête. Impossible de décrire l'effet produit par cette nuée humaine, agissant avec un ensemble et une précision tout simplement admirables. Têtes, bras et jambes se tendent, se baissent et se relèvent au même instant.

LES MOUVEMENTS D'ENSEMBLE

Les gymnastes exécutent ces mouvements sur quatre faces, et quatre fois aussi les applaudissements retentissent longuement.

Voici les paroles du *Salut des gymnastes à la Bourgogne* qui fait honneur au poète, M. Pierre-Paul Abrand, pseudonyme qui cache la personnalité d'un ancien et brillant étudiant de notre Université, M. Paul Gaultier, actuellement attaché au Ministère des affaires étrangères :

SALUT DES GYMNASTES A LA BOURGOGNE (1)

Première figure

I

Salut, Bourgogne, ô noble terre
Des grands hommes et des grands vins ;
Salut, province heureuse et fière
De tes enfants et tes raisins.

II

Nous travaillons pour la Patrie
Et le respect du sol français ;
Notre jeunesse est aguerrie,
C'est pour le droit et pour la paix.

Deuxième figure

III

Nous nous faisons des reins solides,
Des muscles durs et des bras forts ;
Les cœurs sont mous, les têtes vides
Lorsqu'on laisse languir les corps.

IV

Nos espoirs sont jeunes et vastes
Et s'il fallait armant nos bras,
Nous serions là, nous les Gymnastes,
Pour combattre les bons combats.

---

(1) La musique de la cantate : *Salut des gymnastes à la Bourgogne*, spécialement composée par M. Stoupan, chef de musique du 27e régiment d'infanterie, a été éditée par M. Colot-Chazelle, éditeur de musique à Dijon.

Troisième figure

V

La Grèce avait des jours de fête,
Des couronnes et des lauriers,
Pour les meilleurs de ses athlètes,
Ses citoyens et ses guerriers.

VI

Et tout comme elle, tu nous convies
A rester prêts pour le danger,
Disciplinant nos jeunes vies
Et protégeant notre foyer.

Quatrième figure

VII

Notre France est hospitalière
Elle appelle vers ses enfants
Nos amis de race étrangère
Et fait honneur à ses vaillants.

VIII

Nous accourons tous, ô Bourgogne!
Te saluer dans ta Cité,
Préparer la bonne besogne
De défense et de loyauté.

Cinquième figure

IX

Si reviennent des jours de guerre
Nous irons la main dans la main
A la garde de la frontière
Chantant l'hymne républicain.

X

Tes fils, dans le sang de tes vignes
Boivent l'audace et la gaîté,
Comme eux, Bourgogne, ô fais-nous dignes
De mourir pour la liberté.

Après chaque couplet, la foule applaudit chaleureusement; M. Loubet semble être émerveillé, il donne à plusieurs reprises le signal des applaudissements. On crie beaucoup : « Vive Kohn ! », et de fait le moniteur général est superbe d'entrain et de décision.

LES MOUVEMENTS D'ENSEMBLE

Après l'exécution de la cantate, les bravos adressés aux gymnastes par la foule, se terminent par un immense cri de « Vive Loubet! Vive le Président ! » et un ban général des gymnastes. Ceux-ci témoignent alors leur sympathique reconnaissance au Président de la République en lançant en l'air leurs bérets et casquettes, — manifestation belle dans sa simplicité, qui obtient auprès des milliers de spectateurs un joli succès d'originalité.

« Par le flanc droit et par file à gauche, serrez vos distances », commande M. Kohn. Les gymnastes se massent à nouveau en six groupes, les drapeaux au nord, et s'apprêtent à défiler.

Très réussi, ce défilé aux accents d'un pas redoublé que jouent les musiques militaires. Les gymnastes, après avoir fait le tour du Vélodrome, rentrent dans leur quartier spécial, formant de longues files blanches rayées par les bas noirs et les ceintures aux couleurs variées.

XXVe FÊTE FÉDÉRALE

Figuratifs des Mouvements préliminaires d'ensemble imposés, avec chant et musique

3e EXERCICE

1er M. 2e M. 3e M. 4e M. 5e M. 6e M. 7e M. 8e M

4e EXERCICE

1er M. Profil. 2e M. Profil. 3e M. Profil. 4e M. Profil. 5e M. Profil. 6e M. 7e M. 8e M.

5e EXERCICE

1er M. 2e M. 3e M. 4e M. 5e M. 6e M. 7e M. 8e M.

Dans ce vaste décor de verdure ensoleillée, animé par cette foule innombrable et emballée, on ne peut assez dire combien le spectacle a été merveilleux et émouvant, spectacle inoubliable qui laisse dans l'esprit de tous l'impression que notre jeunesse est toujours forte et vaillante et que, grâce aux bons citoyens qui, depuis des années poursuivent avec un infatigable dévouement leur œuvre de régénération physique, elle se prépare à remplir dans toute leur étendue les devoirs que l'avenir lui réserve : la grandeur et la sécurité de la patrie.

M. LOUBET QUITTE LE VÉLODROME

A quatre heures moins le quart, M. Loubet félicite une dernière fois les dévoués organisateurs de la XXVe Fête Fédérale, et suivi des personnalités officielles, il se retire avec le même cérémonial qu'à l'arrivée.

Les porte-drapeaux font la haie, et c'est sous une voûte de drapeaux que M. Loubet franchit la grande porte du Vélodrome, tandis que la foule renouvelle ses vivats et ses acclamations.

SIMULTANÉ AUX BARRES A FOND

Sans interruption, des sociétés viennent faire des productions spéciales, exercices avec et sans engins, pyramides et autres, la proclamation des prix couronnés a lieu, et la Fête se termine à cinq heures après un grand lâcher de pigeons-voyageurs par la société colombophile *Union et Patrie*, de Dijon.

LE BANQUET DES GYMNASTES

C'EST dans la magnifique salle des États de Bourgogne qui a fait l'admiration de tous les gymnastes, hôtes de Dijon, que le banquet de la XXVe Fête Fédérale a lieu à huit heures.

Trois cents convives environ, parmi lesquels un grand nombre des présidents, moniteurs et administrateurs des Sociétés ayant assisté à la fête, prennent part à cette fraternelle agape dont la présidence a été offerte à M. Mougeot, sous-secrétaire d'État aux Postes et Télégraphes, qui l'a gracieusement acceptée.

Phot. Van la Meister et G. Gyseln

M. MOUGEOT, SOUS-SECRÉTAIRE D'ÉTAT DES POSTES ET TÉLÉGRAPHES

A la droite de M. Mougeot sont assis MM. Cazalet, président de l'*Union*; Louis Michel, préfet de la Côte-d'Or; Georges Richard, président d'honneur du Comité d'organisation; Piot, sénateur; Couyba, député de la Haute-Saône; Sansbœuf, ancien président de l'*Union;* Henri Ricard, Chapuis, Debussy, députés; Deschamps, inspecteur d'académie; le commandant Grandjean, chef d'état-major de la 15e division; Ozanon, chef de cabinet du Préfet de la Côte-d'Or; E. Charlot, adjoint au Maire de Dijon.

A gauche du président, MM. J. Vallée, président du Comité d'organisation; Morin-Gacon, maire de Dijon; Hugot, sénateur; Pierre Vaux, député; Gubian, procureur général; Muteau, député; Zierer, vice-président de l'*Union;* Pancol, secrétaire de l'*Union;* le docteur Convers, de Saint-Étienne; Manchet, membre du Comité de permanence de l'*Union;* Roland, adjoint au Maire de Dijon.

La table d'honneur est complétée par MM. Belin, conseiller à la Cour d'appel de Dijon; Borne, député du Doubs; Morel, ancien président de l'*Union;* Bourcart, ancien président de l'*Union;* Mignot, président honoraire de la *Fédération Belge*, membre d'honneur de l'*Union;* Van Aken, délégué de Hollande; Cupérus, délégué belge, président de la *Fédération belge;* Loutil, ancien trésorier de l'*Union*, membre du Comité de permanence; Wachmar, de Lille, membre du Comité de permanence; Christmann, membre d'honneur de l'*Union;* Kohn, moniteur général du Concours; Tirquit, receveur municipal; Alfred Gassier, homme de lettres; E. Thomas, vice-président du Comité des Fêtes de Dijon; Leroy, secrétaire général de la Fête Fédérale de Paris, 1900; Stoupan, chef de musique du 27e; Istre, directeur de la *Lyre Belfortaine.*

La presse parisienne, régionale et départementale est représentée au banquet, et sa table, présidée par MM. A.-V. Thiriet, vice-président, et L. Pichot, secrétaire général de la Fête Fédérale. Parmi les membres de la presse, MM. Obein, rédacteur en chef du *Petit Bourguignon;* les rédacteurs du *Gymnaste*, MM. Turin, Avoiron, Gélas et Keusch, et M. Lhermitte, rédacteur en chef du *Stand.*

Voici le menu du banquet, très bien servi, et dont les vins, aussi nombreux qu'excellents, avaient été offerts par de généreux compatriotes.

Potage Saint-Germain
Saumon sauce verte
Jambon petits pois
Poularde de Bresse rôtie
Galantine de pintade en bellevue
Desserts
Vins de Bourgogne
Champagne

La *Lyre Belfortaine* qui, pendant toute la durée des Fêtes, a prêté son concours très dévoué et très désintéressé, fait entendre les meilleurs morceaux de son répertoire. Nous exprimons ici, à cette Société, les remerciements bien vifs du Comité d'organisation, et l'assurons que le concours des artistes de talent dirigés par M. Istre, son chef, sera toujours le bienvenu dans la vieille cité bourguignonne.

Soyons aussi l'interprète des sentiments du Comité en félicitant M. Chevillot, président de la commission des banquet et excursions de la Fête Fédérale pour la parfaite organisation de ce grand banquet démocratique terminant si bien cette journée superbe où tout a été beau, où tout a été grandiose, juste récompense des efforts de tous pour notre belle cité!

A l'heure des toasts, M. le Préfet lève son verre en l'honneur du Chef de l'Etat. On sait quelle popularité s'est acquise à Dijon M. Loubet, aussi le toast de M. Louis Michel est-il vivement applaudi et acclamé.

Puis M. Cazalet, président de l'*Union*, prend la parole et, dans un toast chaleureux, constate le grand succès de la Fête Fédérale de cette année et en adresse ses remerciements aux Dijonnais en général et au Comité d'organisation parmi lesquels il convient de citer tout particulièrement MM. Georges Richard et J. Vallée. Il félicite tous ceux qui les ont secondés dans l'œuvre qu'ils ont conduite au succès. En terminant son éloquente et sympathique improvisation, M. Cazalet boit au Président de la République, à la députation de la Côte-d'Or et aux délégations étrangères.

M. Cazalet donne, en outre, lecture, au milieu de bravos enthousiastes, des télégrammes suivants (que nous faisons suivre de leur réponse).

De Husinec (Boëme) à Dijon.

Les Sokols tchèques assistant aux grandes fêtes du réformateur Jean Hus, à Husinec, à nos aimables frères français : Salut fraternel et le plus cordial na zdar.

Dr Scheiner, Dr Vanicek,
Dr Herky, Dr Novotny (de Prague).

Docteur Scheiner, Prague.

Nous honorons tous mémoire héros Jean Hus et transmettez aux Sokols salut fraternel des gymnastes français. Na zdar (1).

CAZALET.

De Trébitsch à Dijon.

A nos confrères les braves gymnastes français réunis à Dijon, sincères amis du peuple tchèque, défenseurs de la liberté et de la fraternité.

Les Sokols de Moravie envoient leurs enthousiastes na zdar.

Président Sokols, Trébitsch.

Aux braves Sokols de Moravie, salut et fraternité de la part tous gymnastes français. Na zdar.

CAZALET.

De Roubaix à Dijon.

Des circonstances imprévues m'empêchent, cette année, assister Fête Fédérale. Suis néanmoins des vôtres par le cœur et la pensée. Salut fraternel pour vous et tous les camarades.

De HANNOTTE.

De Paris à Dijon.

Salut fraternel pour votre belle armée. Gymnastes meilleurs souvenirs. Admiration, respect pour le drapeau de la noble jeunesse française.

Na zdar des Sokols de Paris.

J. CAPEK, Président.

Comité organisation remercie chaleureusement nos vaillants amis et camarades Sokols pour leur salut fraternel à l'adresse du Drapeau et armée française. Regrettons beaucoup ne pouvoir vive voix exprimer sentiments fraternels et cordiaux.

VALLÉE.

De Paris à Dijon.

Aux chers camarades de France, le salut fraternel d'un ancien qui se fait interprète des gymnastes suisses en renouvelant, lors XXVe Fête Fédérale de votre belle *Union*, l'assurance d'amitié sincère, et en protestant de sympathie profonde pour votre belle Patrie. Vive la France! Vive la Gymnastique!

STUTZ.

De Bâle à Dijon.

Gymnastes suisses vous expriment leur sympathique amitié, s'associent à vos travaux pour la cause commune et vous adressent meilleurs vœux de réussite et de prospérité.

Président Comité central : HUEGIN.

---

(1) Na zdar! est l'expression de politesse et de bienvenue des Tchèques et signifie : « Bonne chance! »

Huegin, président Comité central gymnastique, Bâle.

Merci de vos bons souhaits. Adressons nos cordiales salutations Sociétés suisses.

CAZALET.

De Prague à Dijon.

Il y a dix ans que nous avons travaillé ensemble au polygone de Vincennes, pour la première fois. Sain peuple, saine nation, nous nous préparons pour l'année prochaine. Salutations sokolistes aux gymnastes.

Vive la France! Na zdar.

Dr J. PODLIPNY.

Docteur Podlipny, Prague.

Gymnastes français réunis à Dijon vous adressent expression leur sincère et vive amitié. Na zdar.

CAZALET.

C'est ensuite M. Vallée, président du Comité d'organisation qui s'exprime ainsi :

Messieurs et chers Camarades,

Il y a un peu plus de deux ans, le distingué Président de l'*Union* de France m'écrivait pour me signaler le grand trou — j'emploie sa propre expression — existant sur la carte des Fêtes Fédérales, entre Dijon, Lyon, Nancy, Paris, et il me demandait s'il ne serait pas possible de le combler en organisant la Fête Fédérale.

Dès ce moment je n'ai eu qu'un but : arriver à donner satisfaction à notre dévoué camarade. Je me suis mis hardiment à la besogne et, grâce au bon accueil que j'ai rencontré près des pouvoirs publics, du conseil général et du conseil municipal, Dijon pouvait se mettre sur les rangs pour demander la XXVe Fête Fédérale.

Chargé d'aller à Saint-Étienne, je n'ai pu, au dernier moment, me rendre au congrès; mais le camarade Richard a bien voulu me remplacer et il a été assez heureux pour remporter la victoire.

Pendant la longue préparation de la fête, nous n'avons trouvé que des encouragements affectueux et d'excellents conseils, aussi bien auprès des membres du Comité de permanence que de nos camarades de Saint-Étienne. Je ne saurais trop, dans ce banquet de gymnastes, leur témoigner notre reconnaissance et leur exprimer notre gratitude.

Les vœux du Président de l'*Union* sont aujourd'hui réalisés. Avons-nous réussi à lui donner complètement satisfaction? Je ne le sais, mais je puis l'assurer que nous avons fait tous nos efforts pour que la XXVe Fête Fédérale ait un éclat aussi brillant que ses devancières.

En tous cas, si nous avons commis quelques fautes, qu'il veuille bien les excuser et ne les attribuer qu'à notre inexpérience.

En terminant, permettez-moi de remercier M. le Sous-Secrétaire d'État aux Postes et Télégraphes qui a bien voulu rester à Dijon pour présider ce banquet. C'est un honneur que notre éminent compatriote nous a fait; les gymnastes ne l'oublieront jamais.

Je serais un ingrat si je ne remerciais d'une façon toute particulière la municipalité dijonnaise qui, après nous avoir voté une subvention, est si bien représentée dans cette réunion populaire. Merci à Messieurs les sénateurs et députés de la Côte-d'Or et de la région. Par leur présence ils montrent l'intérêt qu'ils portent à notre cause.

Je n'aurai garde d'oublier les camarades étrangers : Cupérus, Van Aken et Mignot qui, en venant à Dijon, ont témoigné leurs sympathies affectueuses à l'égard de la nation française.

Merci aussi au Jury, présidé avec tant d'autorité par notre camarade Christmann.

Merci à tous mes collaborateurs et notamment à l'infatigable secrétaire général, M. Pichot, et au moniteur général, M. Kohn, qui n'ont ménagé ni leur temps ni leurs peines pour arriver à un bon résultat.

Merci enfin à la presse qui ne nous a jamais marchandé son précieux concours.

Messieurs,

Je bois à nos hôtes français et étrangers.

Je bois aux succès de l'*Union des Sociétés de gymnastique de France.*

Je lève mon verre à la prospérité de la gymnastique dans notre beau pays!

M. Pierre Vaux, député, boit à la France. M. Morin-Gacon, maire de Dijon, porte la santé de tous les hôtes de la ville. D'autres discours sont prononcés par MM. Zierer, vice-président de l'*Union;* Cupérus, délégué belge, président de la *Fédération belge des Sociétés de gymnastique*, qui constate le grand succès de notre Fête Fédérale, les progrès croissants des gymnastes français et conclut en offrant une superbe médaille au nom des gymnastes belges aux gymnastes français. C'est ensuite M. Van Aken, délégué de la *Fédération néerlandaise* qui, après un toast chaleureux, offre au drapeau de l'*Union* une magnifique couronne de fleurs naturelles. A ce moment, l'excellente musique de Belfort exécute *La Marseillaise* que tout le monde écoute debout et reprend ensuite en chœur avec une énergie toute républicaine.

M. Cazalet, au nom de l'*Union*, remercie les délégués belges et hollandais et, en signe d'amitié, échange son verre avec le leur.

Prennent ensuite la parole MM. Laly, vice-président, et Pancol, secrétaire général de l'*Union*.

M. Sansbœuf, au nom du Comité d'organisation de la XXVIe Fête Fédérale qu'il préside, convie les Sociétés à assister à la quatrième fête qu'organise la région parisienne. Il évoque les années 1875, 1878, 1889, et les compare à la période actuelle. Puis il résume le but et les aspirations de nos Sociétés, rappelle les douloureux événements de 1870-1871, qui ont un vif écho dans son cœur d'Alsacien, en cette cité qui a su repousser l'ennemi aux portes de Nuits, et termine en buvant à l'armée française. Jamais notre camarade n'a été mieux inspiré et ses paroles lui ont valu de chaleureuses félicitations.

M. Couyba, député de la Haute-Saône, porte un toast éloquent et chaleureux à l'armée française, républicaine; M. Georges Richard, en quelques mots venus du cœur, se réjouit du succès de nos belles fêtes et boit à la camaraderie fraternelle des gymnastes.

Au nom du gouvernement, M. Mougeot, sous-secrétaire d'Etat, clôt la série des discours en remerciant d'abord et en complimentant les sociétés étrangères, puis s'adressant aux sociétés françaises, il dit :

Messieurs les gymnastes de France,

Vous tous qui êtes accourus ici pour honorer à la fois une glorieuse mémoire et une présence auguste, vous tous qui avez apporté en cette fête, comme un hommage et comme une espérance, la grâce, la fierté et la vigueur de vos jeunes ans, vous tous enfin qui parez cette fête, selon l'exemple antique, de vos exercices harmonieux et disciplinés, au nom du Gouvernement de la République je vous salue.

Vous avez compris le rôle que la gymnastique doit jouer dans une démocratie où tous les hommes sont citoyens et tous les citoyens doivent être des hommes! Ainsi qu'autrefois la république athénienne considérait les vertus physiques comme inséparables de la condition de citoyen, de même vous avez pensé qu'à vos âmes vaillantes il fallait des corps résistants et vigoureux et vous avez demandé à la gymnastique de vous fortifier pour toutes les circonstances de la vie. L'homme qui, sans exagération et sans outrecuidance, a le sentiment de sa vigueur et de son endurance, puise dans ce sentiment une mâle énergie et une robuste assurance qui se reflètent non seulement sur son visage, mais encore sur ses décisions et dans ses actes.

Là où le corps est alerte l'entendement l'est aussi. Et souvent lorsque les muscles sont solides et bien développés l'âme est plus hardie et plus valeureuse.

Donc, à ce titre, vous avez fait acte de bons citoyens et de bons républicains en organisant ces multiples sociétés de gymnastique qui étendent aujourd'hui sur la terre de France leur floraison superbe et féconde.

Mais vos efforts ont eu d'autres ambitions et d'autres résultats encore, j'ai hâte de le dire. Vous êtes à votre manière des soldats et votre devise commune est : *Pro Patria !* Ah ! Messieurs, quelle image grandiose ces deux mots évoquent en vous et comme ils élargissent soudain votre mission : *Pro Patria !* Vous êtes une élite parmi les défenseurs du pays. Et, s'il est vrai que la discipline, c'est essentiellement l'ordre méthodique et la prompte exécution des commandements, eh bien, vos sociétés sont avant et après la caserne, une excellente école de discipline.

Vous connaissez tous cet adage qu'il ne faut jamais cesser de répéter parce qu'il est d'une vérité criante : « La discipline est la force des armées ». Eh bien, de cette force dont les armées ne peuvent se passer vous êtes beaucoup les artisans ! Grâces vous en soient à jamais rendues ! Ai-je besoin d'ajouter que ce n'est pas seulement par ces habitudes de méthode et de discipline que vous êtes les meilleurs auxiliaires de l'armée, mais aussi par la préparation technique et l'entraînement continu que, les uns, vous vous mettez en état d'entrer vaillamment au régiment, les autres, vous empêchez de se perdre une partie du fruit du travail militaire. Et si j'éprouve une véritable émotion et de la fierté à vous contempler ici, c'est que vous êtes une fédération grandiose, et que j'ai vu dans la manifestation majestueuse de ce jour l'union fraternelle des fils de France accourus de tous les coins du pays pour communier dans l'idée sacrée et intangible en laquelle se fondent toutes vos aspirations : *Pro Patria !*

Oh ! Gymnastes de France, grands et petits, soyez plus que jamais appliqués à votre noble tâche et tendez tous vos regards, vos muscles, vos vouloirs, vos espérances et votre amour le plus sacré vers les avenirs inséparables de la Patrie et de la République !

L'éloquent discours de M. Mougeot est accueilli par de très chaudes acclamations, et les encouragements nouveaux que viennent de recevoir les gymnastes sont une récompense très méritée à leurs efforts constants et opiniâtres, pour faire triompher cette opinion, irrésistible dans une démocratie, qu'avec une éducation physique bien ordonnée, l'éducation morale doit s'affiner, par cette discipline volontaire que rien n'impose, mais qui s'impose par le désir de faire bien et de s'estimer les uns les autres dans l'effort du travail patriotique et dans le mélange des classes.

M. le sous-secrétaire d'Etat remet ensuite, au nom du gouvernement, les palmes académiques à M. Vuillermoz, chef de la fanfare de trompettes l'*Avant-Garde*, de Dijon.

A dix heures et demie, les convives quittent la salle, pour aller assister à la distribution des récompenses aux sociétés de gymnastique.

LA DISTRIBUTION DES RÉCOMPENSES

A l'issue du banquet des gymnastes, a lieu, à dix heures et demie, dans la salle du Grand Théâtre, la distribution des récompenses des concours de gymnastique et de tir, sous la présidence de M. Charles Cazalet, président de l'*Union*, assisté de plusieurs membres du Comité de permanence et du Comité d'organisation, et de M. Lachaud, député.

M. Cazalet prononce l'allocution suivante, très vivement applaudie :

Allocution de M. Ch. Cazalet

Gymnastes, mes camarades,

De quelle joie nos cœurs ne sont-ils pas remplis après le magnifique. l'éclatant succès de notre XXVe Fête Fédérale donnée au milieu d'un cadre de verdure admirable, dans un décor merveilleux, sous la présidence du Chef de l'État?

Après une telle manifestation, il nous est bien permis d'éprouver quelque fierté et d'entonner de toutes nos voix l'hosanna de la victoire!

Aussi, notre reconnaissance va-t-elle entière et profonde vers le Comité d'organisation de Dijon qui, surmontant toutes les difficultés, a mené à bien la mission que l'*Union* lui avait confiée.

Honneur à lui! Je le remercie de tout mon cœur de gymnaste et de Président de l'*Union.*

Je remercie et je félicite Messieurs les membres du Jury toujours si compétents.

Je remercie et je félicite tous les camarades et en particulier les camarades étrangers, nos aimables voisins de Belgique, de Suisse et de Hollande, que nous sommes si heureux de voir à nos côtés dans nos Fêtes Fédérales.

Et à tous, je donne rendez-vous à Paris en 1900, pendant cette grandiose Exposition universelle qui sera l'aurore du XXe siècle.

Et, comme il faut que la XXVIe Fête Fédérale laisse loin derrière elle celles qui l'ont précédée, comme il faut qu'elle voie l'apothéose de la gymnastique, allez, mes chers camarades, le bâton de pèlerin à la main, prêcher la bonne parole et recruter partout des hommes de bonne volonté et que le cri de ralliement des Gymnastes soit : à Paris en 1900 et vive l'*Union*.

Après quelques félicitations adressées aux gymnastes par M. Vallée, président du Comité d'organisation, et à M. Kohn, moniteur général, par M. Christmann, président du jury, l'appel des lauréats et la remise des prix ont lieu.

Chaque Société reçoit en outre du Comité une médaille commémorative de la XXVe Fête Fédérale reproduisant sur l'une de ses faces le Monument Carnot, et, pour chaque gymnaste, une épingle commémorative de la Fête.

M. Blanchard, secrétaire du Jury, doit être félicité pour l'activité apportée dans le laborieux classement des résultats.

La distribution des récompenses a brillamment clos cette journée, féconde pour la gymnastique, et le haut témoignage d'estime et de sympathie de M. Loubet, président de la République, et des membres du Gouvernement, pour l'*Union des Sociétés de gymnastique de France* et le but qu'elle poursuit, est bien fait pour encourager les gymnastes à travailler avec ardeur et activité à l'utile préparation au devoir militaire.

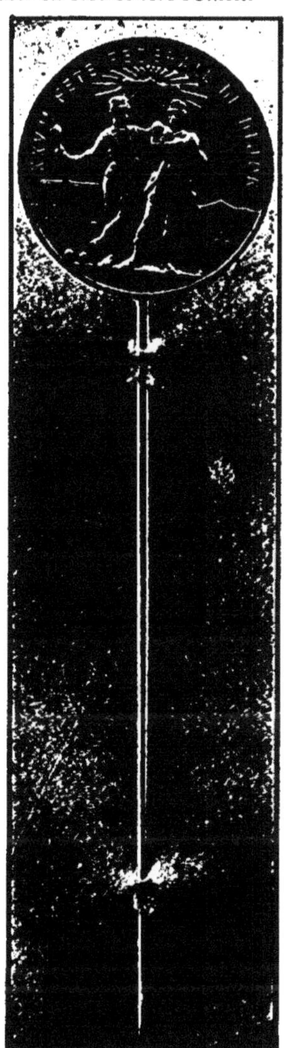

L'ÉPINGLE COMMÉMORATIVE

LA MÉDAILLE DE LA XXVe FÊTE FÉDÉRALE DE GYMNASTIQUE

LE DIPLÔME DE LA XXVe FÊTE FÉDÉRALE DE GYMNASTIQUE

L'EXCURSION AU CREUSOT

La grande excursion qui a terminé la Fête Fédérale a obtenu le plus vif succès.

A sept heures du matin, plus de deux cents excursionnistes montaient, le mercredi 20 mai, dans le train spécial que l'aimable M. Hadet, inspecteur principal à Dijon des chemins de fer P.-L.-M., avait bien voulu mettre à la disposition du Comité d'organisation. A neuf heures, la caravane arrivait au Creusot où une réception enthoûsiaste l'attendait. *L'Alliance,* société de gymnastique du Creusot, se trouvait à la gare, et c'est au milieu d'un cortège charmant qu'avait lieu l'entrée en ville.

Beaucoup de présidents de sociétés, de délégués au Congrès, ainsi que plusieurs membres du Comité de permanence et un certain nombre de gymnastes formaient la caravane. Citons MM. Ch. Cazalet, président de l'*Union*, Ziérer, vice-président, Manchet et Loutil, membres du Comité de permanence, les délégués des Fédérations belge et néerlandaise : MM. Cupérus, d'Anvers, Mignot, de Bruxelles, Van Aken, de Rotterdam; MM. Couyba, député, Georges Richard, président d'honneur du Comité d'organisation, A. Chevillot, président de la Commission des banquet et excursions de la Fête Fédérale, P. Damidot, Flachier, de Saint-Etienne, Gélas, Lhermitte, Hellion, de Paris, etc., etc.

Mmes Cazalet, Georges Richard et plusieurs autres dames s'étaient jointes à l'excursion.

La visite des usines du Creusot, faite en détail et sous la conduite de plusieurs guides aimables, a intéressé au plus haut point les excursionnistes qui ont assisté à la plus grande partie des opérations de la puissante usine française, depuis l'extraction de la houille jusqu'à la fabrication de la fonte, du fer et de l'acier, et la construction des machines les plus diverses. Les hauts fourneaux, la forge, l'atelier des laminoirs ont retenu l'attention de tous.

Plusieurs allocutions ont été prononcées, au cours de cette excursion, par MM. Cazalet, Georges Richard et Couyba. Ce dernier, en faisant allusion aux sculptures qui ornent le piédestal du monument Schneider, a dit aux gymnastes que, comme cette femme d'ouvrier qui dans le monument montre à un enfant la statue de Schneider pour l'encourager à travailler et à devenir *quelqu'un*, de même la France montre la France aux pupilles et dit à chacun : « Un jour, tu peux, toi aussi, avoir ta statue comme défenseur et sauveur de la Patrie!

Rien ne pouvait mieux terminer le séjour de nos hôtes en notre région que cette excursion scientifique à laquelle tous ont pris le plus grand intérêt, et dont tous les détails avaient été fort bien réglés par un aimable membre associé de l'*Union*, M. Desroches.

Après le diner, toute la caravane prenait, à 7 heures, le train spécial qui la ramenait à Dijon; la séparation eut lieu, non sans que de nombreuses félicitations fussent adressées par tous les délégués au Comité d'organisation pour cette intéressante excursion.

MM. Cupérus, van Aken et Mignot, ainsi que M. et Mme Cazalet, quittaient alors Dijon, après avoir de nouveau exprimé à MM. Georges Richard et J. Vallée, ainsi qu'aux membres du Comité d'organisation, toute leur admiration pour la magnifique Fête Fédérale de Dijon, qui restera dans les souvenirs de tous comme l'une des plus brillantes manifestations françaises de la gymnastique.

CONSIDÉRATIONS SUR LA FÊTE FÉDÉRALE

Les organisateurs de la XXVe Fête Fédérale ont brillamment, avec le concours empressé et généreux de la municipalité et de la population de Dijon, tenu le drapeau de l'*Union des Sociétés de gymnastique de France.*

Leurs efforts ont été couronnés par le plus grand succès, tant sous le rapport de la valeur des Sociétés et des gymnastes en présence, que sous celui du nombre élevé des participants, cent quatre-vingt-onze sociétés, trois mille cinq cents gymnastes.

Cent dix-neuf Sociétés de gymnastique, non encore affiliées à l'*Union*, ont été incorporées dans l'*Union des Sociétés de gymnastique de France* par le Comité de permanence Bordeaux-Dijon, qui, pendant le même exercice, faisait admettre à l'*Union* 205 membres associés et 11 membres donateurs nouveaux, portant l'effectif de l'*Union* à 648 membres associés, 19 membres donateurs et 544 Sociétés de gymnastique. Ces chiffres montrent que la Fête Fédérale est de plus en plus le point de ralliement, le centre de groupement et le lien des forces éparses de la gymnastique française (1).

Grâce à l'excellente et tenace direction de l'*Union*, et grâce aux sages réflexions des Jurys d'études, les hommes dévoués appelés à organiser les futures Fêtes Fédérales pourront certainement arriver à de meilleurs résultats.

---

(1) « La Fédération Allemande de Gymnastique compte six mille Sociétés, six cent mille membres! La Suisse, la Belgique, la Bohême, etc., ont des effectifs bien supérieurs aux nôtres, proportionnellement à leurs populations.

La France, pays d'initiative et de progrès, ne doit pas rester en arrière des autres nations, sous le rapport de l'éducation physique; l'éducation intellectuelle très développée *ne suffit pas*. Donner au pays des hommes *instruits* est bien, lui donner des hommes instruits et *forts* est encore mieux, et j'ajoute : indispensable.

L'instruction coûte des centaines de millions; la gymnastique, quelques milliers de francs. Ce n'est pas une proportion suffisante pour les services rendus.

Nos Sociétés donnent à notre armée nationale, que nous aimons avec passion par-dessus tout, ses meilleures recrues, de vaillants soldats, cela vaut bien la sollicitude des pouvoirs publics. »

A. Leroy,
Rapporteur du Jury d'études de la XXVe Fête Fédérale

Et nous sommes ici l'interprète des Chefs de l'*Union* en disant que les journées des 21 et 22 mai 1899 feront époque dans les annales de l'*Union des Sociétés de gymnastique de France* et que la Fête Fédérale de Dijon a formé un anneau de plus dans la brillante suite de ces grandes journées qui réconfortent les âmes en ouvrant à l'espoir de la Patrie les radieux horizons de l'avenir.

LES FÊTES PRÉSIDENTIELLES

FIN DE LA DEUXIÈME JOURNÉE

M. LOUBET PARMI LES OUVRIERS

A sa sortie du Vélodrome, le cortège présidentiel se dirige par le cours du Parc, le côté gauche de la place Saint-Pierre, la rue Chabot-Charny, la place Saint-Etienne, la rue Rameau et la place d'Armes, au Palais des Etats, où les travailleurs syndiqués dijonnais offrent un vin d'honneur au Président de la République.

Au seuil du Palais, M. Loubet est reçu par M. Louis Boutinon, doyen des typographes dijonnais, entouré des présidents des divers syndicats ouvriers, et par quatre jeunes filles appartenant au Syndicat des bonnetières, Mlles Darlier, Seigler, Chevalier et Charlot, tout en blanc.

Mlle Charlot offre un bouquet au Président et lui adresse les souhaits suivants :

Monsieur le Président,

Le Syndicat des bonnetières a eu l'honneur d'être chargé par la Bourse du Travail de Dijon de vous offrir des fleurs; les syndiqués et syndiquées m'ayant désignée pour vous complimenter, c'est avec une grande joie qu'en leur nom je viens vous offrir mes souhaits de bonheur et de prospérité pour le plus grand bien de notre chère République, et nos remerciements pour vouloir bien accepter ces fleurs. Notre bonheur serait parfait si vous consentiez à les offrir à Madame Loubet, comme souvenir des ouvriers et ouvrières syndiqués à la Bourse du Travail de Dijon; quant à vous, Monsieur le Président, nous conserverons toute la vie l'agréable souvenir de votre visite, ainsi que celle de Messieurs les Ministres.

Vive Monsieur le Président!

Vive la République!

Le Président remercie et embrasse Mlle Charlot, puis pénètre dans la salle des Etats de Bourgogne où il est conduit à la table d'honneur, tandis que les ouvriers et ouvrières le saluent des cris répétés de : « Vive la République! Vive le Président! »

Les invités prennent place autour des tables. A la table d'honneur, à la droite du Président de la République, M. Boutinon; à gauche, M. Dupuy, président du Conseil. M. Magnin, vice-président du Sénat, M. Michel, préfet de la Côte-d'Or, M. Morin-Gacon, maire de Dijon, les généraux, sénateurs, députés, les quatre fillettes déléguées des bonnetières, et tous les personnages officiels accompagnant M. le Président de la République sont aussi à la table présidentielle.

M. Boutinon prononce alors, au nom de la Bourse du travail de Dijon, cette allocution de bienvenue où sont exposées les revendications des travailleurs :

Monsieur le Président de la République,
Messieurs les Ministres,
Messieurs les Sénateurs,
Messieurs les Députés.

Les ouvriers syndiqués fédérés de la Bourse du Travail de Dijon sont heureux de profiter de la circonstance pour vous assurer de leur attachement inébranlable et de leur confiance entière en la République.

Personnellement, Monsieur le Président, ils vous remercient du fond du cœur de l'initiative que vous avez prise de mettre les prolétaires en rapport direct avec les premiers magistrats de notre chère République.

Vous ne voyez parmi eux que des amis et des républicains.

En rendant hommage au digne citoyen qui a été honoré, par le vote de tous les Républicains du Parlement, de l'investiture de la magistrature suprême, nous avons la conviction qu'il défendra les institutions qui sont l'honneur et la raison d'être de la République. Notamment, les lois scolaires, qui doivent se perfectionner de plus en plus pour donner à tous l'éducation qui rapproche les individus et les prépare à mieux remplir leurs obligations sociales; qui préservera la République d'un retour vers les idées rétrogrades.

Les travailleurs dijonnais sont sincèrement résolus à accorder leur concours au Gouvernement pour le maintien et l'agrandissement du patrimoine de la France, patrimoine de Justice, de Générosité et de Progrès social.

Ils comptent sur le Gouvernement républicain pour protéger les faibles contre les actes des puissants; pour proposer, défendre et appliquer les lois ouvrières si impatiemment attendues par les salariés.

Ces lois qui préoccupent à juste titre les pouvoirs publics sont :

La mention pénale complétant la loi du 21 mars 1884, que demandaient M. Bovier-Lapierre et ses collègues;

Celle décrétant l'arbitrage obligatoire de facultatif qu'il est à présent, c'est-à-dire sans efficacité ni sanction;

La loi sur les accidents de travail qui va enfin entrer dans la pratique;

La loi sur l'emploi de la femme et des enfants dans l'industrie, trop souvent éludée par des employeurs puissants qui escomptent la modération de MM. les inspecteurs chargés d'en surveiller l'application;

La loi sur les adjudications soumise en ce moment aux délibérations de la Chambre, après avoir été élaborée par le conseil supérieur du travail;

Nous voudrions aussi appeler votre attention sur la loi des prud'hommes pour demander qu'elle s'étende à tous les travailleurs des deux sexes;

Et enfin sur la loi Berthaut, en suspens au Sénat, votée par la Chambre des députés le 17 décembre 1897 et qui est attendue avec angoisse par les agents des chemins de fer.

Monsieur le Président,

En terminant, permettez-nous de synthétiser toutes nos aspirations en vous rappelant le beau rêve de votre ancien collègue, l'honorable sénateur Tolain :

« En droit, les salariés sont déclarés majeurs; ils le seront bientôt de fait « par la force des choses et la pratique des mœurs républicaines.

« C'est dans les chambres syndicales patronales et ouvrières que s'éla« boreront bientôt, nous en avons la conviction profonde, toutes les grandes « questions économiques qui intéressent la gloire et la prospérité de nos « industries. Elles seront comme le grand Conseil du Travail et de « l'Échange et dans la société moderne transformée par la science, elles « seront les éléments les plus puissants de l'ordre, de la liberté et de la « paix sociale. »

Vive la République!

L'assistance applaudit très vivement.

M. Loubet, Président de la République, répond en ces termes :

Messieurs,

Ne me remerciez pas d'être venu au milieu de vous, de m'être mis en contact direct avec les ouvriers de Dijon. C'était mon devoir et c'est mon plaisir. Comment ne serais-je pas heureux de me rencontrer avec des travailleurs qui attendent la réalisation de leurs projets du développement pacifique de nos institutions, et qui font profession d'être avant tout et toujours patriotes et républicains ?

« Le Gouvernement met au premier rang de ses préoccupations le souci de vos intérêts. Il connaît ses devoirs envers vous ; vous connaissez aussi vos devoirs envers lui et envers la France. Je sais que vous n'êtes pas de ceux qui les oublient ; il n'y a ici que de bons citoyens.

« Je considère comme l'honneur de ma vie publique d'avoir été un des promoteurs, puis, quand je suis devenu président du Conseil des Ministres, un des défenseurs du projet qui est devenu la loi du 27 décembre 1892 sur l'arbitrage en cas de grève. Cette loi a favorisé l'entente amiable entre les patrons et les ouvriers. Elle a rendu plus facile la solution des désaccords et des malentendus. Elle a consacré un principe qui doit dominer toutes les discussions sociales, inspirer toutes vos revendications, commander notre conduite à tous.

« Vous avez eu raison de rappeler la profonde parole de Tolain : « C'est dans les Chambres syndicales patronales et ouvrières que s'élaboreront bientôt toutes les grandes questions économiques, » par quoi cet ami des ouvriers indiquait clairement qu'il fallait chercher dans l'accord et l'harmonie entre les diverses chambres les solutions qui s'imposent et les améliorations qui durent.

« Vous resterez fidèles à ces idées de concorde, source véritable du progrès et condition nécessaire de la prospérité de la République. »

De longs applaudissements accueillent la réponse de M. Loubet.

M. Boutinon présente ensuite au Président M. Gresely, secrétaire de la Bourse du travail de Besançon, qui adresse ces quelques mots à M. Loubet :

Monsieur le Président de la République,

Nous sommes heureux, nous, les délégués de la Bourse du travail de Besançon, de l'honneur de cette présentation et de vous apporter l'hommage respectueux des travailleurs bisontins.

Le Président serre la main de M. Gresely, et se rend au cabinet du maire où il attache lui-même la médaille d'honneur du travail sur la poitrine des ouvriers méritants.

MM. Louis Boullcot, ouvrier à Meursault, chez MM. Jacquemain et fils ; — Pierre Changarnier, ouvrier à Meursault, chez M. Mercier ; — Philippe Chevalier, ouvrier à Arnay-le-Duc, chez MM. Proutat, Thomeret et Cie ; — Claude Derepas, ouvrier à Dijon, chez M. Cotillot ; — Denis Guillet, ouvrier à Dijon, chez M. Moncorget ; — Jean Masson, ouvrier à Arnay-le-Duc, chez MM. Proutat, Thomeret et Cie ; — Jacques Paterne, ouvrier à Arnay-le-Duc, chez MM. Proutat, Thomeret et Cie; — Jean Phal, ouvrier à Dijon, chez M. Moncorget; — Eugène Simon, ouvrier à Beaune, chez MM. Bouchard aîné et fils; — Cléophas Catinot, ouvrier à Saint-Jean-de-Losne, chez MM. Bienaimé et Perrault; — Pierre Catinot, ouvrier à Saint-Jean-de-Losne, chez MM. Bienaimé et Perrault; — Jean Demonfaucon, ouvrier à Chassagne, chez M. Beuvrand; — Jean Guyard, ouvrier à Chassagne, chez M. Beuvrand; — Jules Gevrey, ouvrier à Saint-Jean-de-Losne, chez MM. Bienaimé et Perrault; — Pierre Liger, comptable à Chassagne, chez M. Beuvrand; — Jean Lombois, comptable à Beaune, chez M. Dumoulin; — Thomas Neige, tonnelier à Savigny, chez M. Bocquet; — Irénée Vollot, tonnelier à Savigny, chez M. Dumoulin; — Claude Bret, ouvrier à Montbard, Société des Papeteries; — Jean Barberet, ouvrier à Montbard, Société des Papeteries; — Antoine Lamas, ouvrier à Montbard, Société des Papeteries; — Emile Bayen, ouvrier à Chamesson, Usine du Châtillonnais; — Constant Bobin, ouvrier à Ampilly, Usine du Châtillonnais; — Antoine Diey, ouvrier à Châtillon, Usine du Châtillonnais; — Théodore Diey, ouvrier à Châtillon, Usine du Châtillonnais; — Emile Montenot, ouvrier à Ampilly, Usine du Châtillonnais; — Philippe Navarre, ouvrier à Chamesson, Usine du Châtillonnais; — Etienne Pion ouvrier à Chamesson, Usine du Châtillonnais; — Louis Pitois, ouvrier à Chamesson, Usine du Châtillonnais; — François Renaudin, ouvrier à Sainte-Colombe, Usine du Châtillonnais; — Cyrille Richard, ouvrier à Chamesson, Usine du Châtillonnais; — Paul Richard, ouvrier à Chamesson, Usine du Châtillonnais; — Joseph Stinzel, ouvrier à Chamesson, Usine du Châtillonnais; — Joseph Tissot, ouvrier à Chamesson, Usine du Châtillonnais; — Jean Thenadey, ouvrier à Vieux-Château, Usine Bouhey; — Antoine Saudin, ouvrier à Montzeron, Usine Bouhey; — Pierre Rose, ouvrier à Vieux-Château, Usine Bouhey; — Pierre Pitoiset, ouvrier à Montzeron, Usine Bouhey; — Antoine Millot, ouvrier à Savigny, Usine Bouhey; — Pierre Lambert, ouvrier à Champmorlin, Usine Bouhey; — Victor Biais, ouvrier à Vieux-Château, Usine Bouhey; — François Bonnet, ouvrier à Dijon, chez M. Gagey-Saussié; — Léon Caunois, ouvrier à Dijon, chez MM. Laurent et Collot; — Jules Coupé, ouvrier à Dijon, chez M. Jean Billiette; — Claude Couturier, ouvrier à Dijon, chez MM. Marchet et Roux; — Mlle Anaïs Couturier, ouvrière à Dijon, chez MM. Marchet et Roux; — Mathilde Couturier, ouvrière, chez MM. Marchet et Roux; — Marie Gouget, ouvrière à Dijon, chez MM. Marchet et Roux; — MM. Edme Labbé, ouvrier à Dijon, chez MM. Marchet et Roux; — Louis Leroy, ouvrier à Dijon, chez MM. Marchet et Roux; — Charles Poulain, ouvrier à Dijon, chez MM. Marchet et Roux; — Simon Goustard, ouvrier à Dijon-Perrigny, chez M. Thénard; — Léonce Quinault, ouvrier à Dijon, chez MM. Laurent et Collot; — Laurent Bougenot, ouvrier à Dijon, chez M. Gagey-Saussié; — Etienne Leneuf, employé à Dijon, chez M. Noblot-Mignon; — Jean Marillier, contremaître à Dijon, chez M. Agron-Tanret; — Mme Christine Miot, employée à Dijon, chez M. Pernot; — M. Pierre Naudet, ouvrier à Dijon, chez M. Preux; — Mme Marie Phillippon, chapelière à Dijon, chez M. Leroy; — M. Léon Picot, ouvrier à Dijon, chez M. Lhuillier; — Mme Annette Queugnier, employée à Dijon, chez MM. Audinard et Combemorel.

François Baruet, à Bligny-sous-Beaune, chez M. Villard; — Jean Buls, à Bligny-sous-Beaune, chez M. Georget; — François Cornette, à Gilly, chez M. Oudot; — Joseph, dit Jules Demoule, à Merceuil, chez M. Boucheron; — François Ducharme, à Missery, chez M. Poillot; — Dufour-Pommier, à Beaune, chez M. Rougé; — Lhéritier-Caudiard, à Corpeaux, chez M. d'Aurelle; — Montagny-Minot, à Volnay, chez M. Bouchard; — Jean-Baptiste Mortureux, à Fauverney, chez M. Muteau; — André Pagand, à Pommard, chez M. Hervé de Blic; — Zacharie Parizot, à Blancey, chez M. Morlot; — Antoine Picard, à Aloxe-Corton, chez M. Latour; — Joseph Thévenot, à Pommard, chez Mme veuve Lechardot-Guilleminot.

Jean-Claude Alixant, à Dijon, chez M. d'Arbaumont; — Etienne Bellier, à Lantenay, chez M. Geuget-Venot; — Louis Blin, à Pommard, chez M. Juigné de Lassigny; — Michel Sara-Brivot, à Labussière-sur-Ouche, chez M. Hély d'Oissel; — Mlle Marguerite Charrau, à Nolay, chez M. Develle; — Jean Clémencet, à Meloisey, chez M. Magnien-Porcheray; — Henri Gagnerot, à Vosne-Romanée, chez M. Gros; — Jacques Goichot, à Meursault, chez M. Bachey; — Latour-Rougeot, à Corpeaux, chez M. Barrault; — Jean Liébaut, à Fauverney, chez M. Couturier-Bartet; — Micault-Dupont, à Pommard, chez M. Charodon; — Pierre Michelot, à Pommard, chez M. Hervé de Blic; — Félix-Adolphe Pajot, à Nuits-Saint-Georges, chez M. Rollet; — Mlle Jeanne Patriarche, à Chatellenot, chez M. Bonnot-Martenot; — Etienne Vachey, à Savigny-les-Beaune, chez M. Maldant.

M. Emile Loubet trinque ensuite avec tous ceux qui l'approchent, et s'excusant d'être obligé de partir aussi vite, traverse les groupes et serre les mains qui se tendent vers lui.

M. le Président de la République est reconduit jusqu'à sa voiture par M. Boutinon et les Présidents des syndicats ouvriers.

Il est 4 h. 45.

A sa descente de la salle des Etats, M. Loubet est longuement acclamé ainsi que sur le parcours de l'Hôtel de Ville à la Préfecture.

LE DÉPART DE M. LOUBET

Peu après, le cortège quitte une dernière fois la Préfecture et prend le chemin de la gare, au milieu d'une foule énorme massée sur tout le parcours, acclamant avec enthousiasme et sans discontinuer le Chef de l'Etat.

Les acclamations qui ont salué le Président de la République à son arrivée ont été plus impressionnantes encore à son départ. Dans la rue de la Liberté, les curieux, massés sur les trottoirs, apparaissent à toutes les fenêtres, agitent leurs mouchoirs, leurs chapeaux et les vivats retentissent. On crie : « Vive Loubet ! Vive la République! ». M. Charles Dupuy et les Ministres ont une large part des acclamations.

Sous le cintre de la porte Guillaume a été suspendue une immense croix de la Légion d'Honneur. Sous cette croix, dessinée par M. Deshérault, architecte de la ville, le Président de la République passe, visiblement touché de ce symbole qui lui dit la vive reconnaissance de la ville de Dijon par lui décorée.

Place Darcy et rue de la Gare, c'est, au passage de la voiture présidentielle, un tourbillonnement de bras, de cannes et de chapeaux. Escorte enthousiaste, enflammée de la jeunesse, acclamant une dernière fois le premier magistrat de la République avec la furia patriotique et la vigueur des poumons de vingt ans.

Les troupes, comme à l'arrivée, sont massées dans la cour de la gare. Un bataillon du 27e présente les armes, et le drapeau s'incline au passage du Président, tandis que la musique joue *La Marseillaise*.

M. Loubet quitte son landau et se rend sur le quai de la gare. Toutes les autorités qui l'ont accompagné pendant ces deux jours, se sont donné rendez-vous devant le train présidentiel.

M. Loubet s'entretient quelques minutes avec M. Michel, préfet, M. Morin-Gacon, maire de Dijon, M. Cunisset-Carnot, premier président de la Cour d'appel. Le Président de la République échange les dernières poignées de mains avec les hauts fonctionnaires et les présidents de la XXVe Fête Fédérale, du Comité du Monument Carnot et de la Chambre de Commerce, et tenant essentiellement à remercier M. le Maire de Dijon de l'excellent accueil que lui a fait la population dijonnaise, et pour mieux exprimer toute la joie dont son cœur déborde, le Président de la République embrasse M. le Maire de Dijon.

Puis le Président de la République monte dans le wagon qui lui est réservé, suivi des officiers de sa maison militaire. Il reste un instant à la portière, saluant de la tête, et le train s'ébranle à 5 h. 30, au milieu des cris de « Vive Loubet ! », aux sons de *La Marseillaise.*

A 10 heures 34 minutes, le train présidentiel arrivait à Paris, à la gare de Lyon.

MM. Lebret, garde des sceaux, Delcassé, ministre des Affaires étrangères, Guillain, ministre des Colonies, Monestier, ministre des Travaux publics, le général Zurlinden, gouverneur militaire de Paris, M. Blanc, préfet de police, M. Bruman, secrétaire général de la préfecture de la Seine, MM. Crozier et Mollard, directeurs du Protocole, attendaient M. Loubet et l'ont salué à sa descente du train.

M. Paul Loubet, accompagné de M. Roussel, sous-directeur du secrétariat du Président de la République, était venu recevoir son père à la gare. M. Loubet l'a embrassé et s'est entretenu quelques instants avec les personnes présentes. Il n'a pas voulu quitter la gare sans venir serrer la main au mécanicien et au chauffeur du train présidentiel, et il a remerc MM. Tirman, président du Conseil d'administration et Noblemaire, directeur de la Compagnie P.-L.-M., des attentions dont il avait été l'objet.

Aux abords de la gare se pressaient de nombreux curieux, qui ont salué, par les cris de : « Vive Loubet ! Vive la République ! » le passage du Président de la République.

A onze heures, M. Loubet rentrait à l'Elysée, rapportant le souvenir durable des belles manifestations patriotiques et républicaines de la ville de Dijon.

QUELQUES APPRÉCIATIONS

SUR LA

XXVe FÊTE FÉDÉRALE

> « *Faites-nous des hommes,*
> « *nous en ferons des soldats.* »
> Général CHANZY.
> Reims, 1882.

Du GYMNASTE, *Moniteur de l'Union* (partie officielle)

Chacune de nos manifestations a été l'occasion d'affirmer aux yeux de tous, la force et la puissance de l'*Union* des Sociétés de gymnastique de France. Ceux d'entre nous qui ont eu la bonne fortune d'assister aux Fêtes Fédérales de Roubaix, de Saint-Étienne et de Dijon, seraient embarrassés de dire laquelle des trois a été la plus belle, la plus digne et la plus enthousiaste; laquelle des trois a demandé aux divers organisateurs le plus d'efforts, de persévérance et de travail.

Partout les gymnastes ont été acclamés, partout ils ont été admirés, partout ils ont été fêtés.

Cependant le nom de Dijon restera gravé en lettres d'or sur les tables de l'*Union*, car c'est dans cette ville que M. le Président de la République a solennellement déclaré qu'il appuierait, auprès de M. le Ministre de la Guerre, les désirs des gymnastes. Cette déclaration du premier magistrat de la République est pour nous une victoire qui nous crée de nouveaux devoirs et une nouvelle responsabilité.

L'*Union* ne recule devant aucun devoir, devant aucune responsabilité.

A vous, amis dijonnais, qui avez mis dans cette XXVe Fête ce que vous avez de meilleur : votre cœur. A vous, camarades, qui avez répondu à notre appel. Je vous remercie au nom du Comité de permanence, et à tous je crie : à Paris, en 1900.

Pour le Comité de permanence de l'Union des Sociétés de gymnastique de France :

Le Président de l'Union,

Charles CAZALET.

A M. Vallée, président du Comité d'organisation.

La XXVe Fête Fédérale est terminée, mais l'éloignement n'est pas l'oubli et je ne me pardonnerais pas de ne pas venir vous saluer, vous et tous vos vaillants collaborateurs.

Vous avez organisé une fête magnifique ; votre succès a été considérable, mais il a été légitime : de tout cela je veux vous remercier.

Depuis le moment où vous avez eu la pensée de solliciter la Fête Fédérale, dont vous avez confié à M. Georges Richard la demande officielle, au Congrès de Saint-Étienne ; depuis ce moment jusqu'à maintenant, jamais vous n'avez éprouvé une heure de lassitude, et c'était une véritable joie de vous voir travailler tous avec tant d'entrain et de bonne humeur.

Le Gymnaste vous dit ouvertement quel est le jugement du Comité de permanence, je viens encore y ajouter mes remerciements personnels et l'assurance, pour vous et tous vos collègues, de mes souvenirs les plus reconnaissants et les plus aimables.

Le Président de l'Union des Sociétés de gymnastique de France,

Charles CAZALET.

Anvers, le 27 mai 1899.

Messieurs les Président et Membres du Comité d'organisation de la XXVe Fête Fédérale de gymnastique, Dijon.

Messieurs et chers Camarades,

Rentrés de votre fête, si belle, si imposante, nous venons — mon camarade *Van Aken*, délégué de la *Nederlandsch gymnastick Verbond* — et moi-même, vous remercier une fois de plus pour votre accueil si chaleureux et non moins pour votre large hospitalité.

Les journées du 20 au 22 mai 1899 resteront gravées dans notre mémoire, les noms des nouveaux amis conquis ne le resteront pas moins dans notre cœur.

Veuillez agréer, Messieurs et chers Collègues, avec nos remerciements réitérés, l'expression de nos sentiments aimables.

CUPÉRUS,

Président et délégué officiel de la Fédération Belge de gymnastique.

A M. Vallée.

J'ai été ravi de la fête du Vélodrome; les marches, défilés, lacets, contre-marches, étaient du plus bel effet.

Vous devez être satisfait du résultat.

Mon appréciation très élogieuse des fêtes de gymnastique des 21 et 22 mai, à Dijon, serait de nul effet sur les lecteurs de votre compte-rendu.

Votre ouvrage se recommandera de lui-même, en disant la vérité et en exaltant comme il le mérite le patriotisme de ces jeunes gymnastes, qui nous succèdent et sur lesquels la patrie sait pouvoir compter au jour de crise.

J. MAGNIN,

Sénateur de la Côte-d'Or.

A M. Vallée.

L'admirable fête que, de toutes parts, nous sommes venus, le 22 mai, applaudir à Dijon, laisse le souvenir le plus rassurant et le plus fier.

C'est un spectacle réconfortant qu'offrent ces Congrès de gymnastes, ces assises de la force et de la souplesse. En se transportant chaque année, à date fixe, d'un centre à un autre, il fait circuler dans toute la France l'idée patriotique et confiante. Ce drapeau fédéral, solennellement remis par une ville à une autre ville, c'est l'espérance impérissable, c'est la foi dans l'énergie de la nation.

Honneur aux organisateurs, au Président dévoué de cette belle XXVe Fête Fédérale, et aux gymnastes qui en furent les héros!

Edme Piot,

Sénateur de la Côte-d'Or.

A M. Vallée.

J'assistais pour la première fois à une fête de gymnastique aussi importante que celle qui a eu lieu à Dijon les 21 et 22 mai 1899.

J'ai été émerveillé; en voyant un nombre aussi considérable de jeunes gens manœuvrer avec une telle précision, on ne pouvait s'empêcher de penser à ce que pourraient faire de pareils hommes en temps de guerre sous la direction d'un chef expérimenté.

Je souhaite pour notre chère France que la gymnastique, qui a tant contribué à la force et à la puissance des Grecs et des Romains, soit de plus en plus cultivée et remise en honneur, afin qu'elle ait pour la défendre au jour du danger des hommes robustes et rompus à toutes les fatigues et à tous les exercices du corps.

Les inoubliables journées des 21 et 22 mai ont fait l'admiration de tous les patriotes qui ont eu le plaisir d'y assister. On ne saurait donc trop aider et honorer les utiles Sociétés de gymnastique, elles sont dignes de toute la sollicitude du Parlement.

P.-A. Vaux,
Député de Dijon.

AUX GYMNASTES DE LA XXVe FÊTE FÉDÉRALE.

Sparte avait ses coureurs, Athènes ses athlètes,
Le Romain dans son cirque eut des gladiateurs;
Le Turc vante partout ses robustes lutteurs,
L'Espagne aux toreros doit l'éclat de ses fêtes;

L'Opéra, dans le temps, eut de parfaits chanteurs
Qui de maintes beautés firent tourner les têtes :
Enfin, chaque pays inspira les poètes,
Et parvint à charmer de nombreux spectateurs.

Mais ce qu'on ignora dans l'Univers antique,
Ce que dans le moderne on ignorait encor,
Ce que Rome n'a vu, ni Madrid, ni l'Attique :

C'est, en applaudissant, vos jeux de gymnastique,
Sous le loyal soleil de notre Côte-d'Or,
Cent mille Bourguignons fêter la République !

A. Muteau,
Député de la Côte-d'Or.

A M. Vallée.

Nous avons tous présente à la mémoire cette inoubliable Fête Fédérale de Dijon, à laquelle assistait le digne et vénéré Président de la République.

Quel superbe spectacle que la vue de ces milliers de jeunes hommes, venus de toutes les régions du pays, jeunes hommes aux torses puissants, aux muscles d'acier, accomplissant, en chantant le *Salut à la Bourgogne,* leurs exercices si merveilleux d'ensemble et de précision !

Il semblait, en les voyant et en les entendant, qu'un seul cœur battait dans toutes ces poitrines et que l'âme même de la France planait au-dessus d'eux.

Et nous tous, émus et réconfortés sous l'impression d'une même pensée de foi et d'espérance, sentant grandir en nous l'amour de la Patrie et de la République, nous mêlions nos vivats et nos acclamations.

Henri Ricard,
Député de la Côte-d'Or.

A M. Vallée.

En admirant la souplesse et la vigueur des gymnastes réunis au Vélodrome du Parc, je n'ai pas seulement pensé aux services que vous rendez à cette jeunesse, en fortifiant ses muscles et ses poitrines ; mais j'imagine que le bon vin de notre Bourgogne a joué un rôle salutaire dans la préparation de ces exercices que nous avons tous applaudis avec le Président de la République.

Gueneau,
Député de la Côte-d'Or.

A M. Vallée.

Votre fête de gymnastique était tout simplement admirable.

C'est la première fois que j'assistais à une fête de ce genre, aussi ai-je été frappé, plus que je ne puis vous le dire, par ce merveilleux spectacle :

Salut des drapeaux ;

Mouvements et chants d'ensemble ;

Défilé.

C'est avec enthousiasme que j'ai applaudi vos jeunes amis, cette jeunesse admirable, force et espoir de la France, comme nous avons acclamé tous la République dans la personne de son digne Président, M. Loubet.

DEBUSSY,
Député de la Côte-d'Or.

A M. Vallée.

Le 22 mai, à Dijon, j'assistais pour la première fois à la réunion d'un nombre considérable de sociétés de gymnastique.

J'ai été vivement frappé de la précision et de la rapidité avec lesquelles deux mille gymnastes exécutaient les mouvements commandés par le moniteur, ainsi que de la discipline qui régnait dans les rangs, et j'ai pensé que si tous les jeunes soldats français étaient aussi bien préparés et aussi bien exercés que ces gymnastes, il n'y aurait aucun inconvénient à réduire la durée du service militaire.

Dr C. BONTEMPS,
Député de la Haute-Saône.

A M. Vallée.

Je vous dirai d'un mot mon sentiment sur les fêtes organisées à Dijon à l'occasion du voyage du Président de la

République et de la XXVe Fête Fédérale de l'*Union des Sociétés de gymnastique de France.* Elles ont été superbes et ont donné à mon cœur de patriote et de républicain, cette impression que la France et la République avaient en notre Bourgogne un peuple qui ne laisserait toucher ni à l'intégrité de l'une, ni à l'existence de l'autre. En y assistant, j'étais fier d'être né Bourguignon, comme je suis fier d'être le représentant d'un arrondissement frontière de notre chère Lorraine, démembrée, qui se reconstituera un jour, je l'espère, avec l'effort combiné des Français de l'une et l'autre de ces deux provinces, étroitement unies.

Dr Chapuis,

Député de la Meurthe-et-Moselle.

Extrait du Stand.

Comment faire passer au cœur du lecteur le frisson qui a enflammé les assistants de la vingt-cinquième fête fédérale de l'*Union des Sociétés de gymnastique de France?* Certes, nous n'exagérons pas en affirmant que la manifestation de Dijon est une des meilleures de l'*Union,* qu'elle a semé des germes féconds. Si le site et le ciel ont ajouté au succès de la fête, il serait injuste d'oublier que les résultats obtenus sont ceux de quelques volontés persévérantes.

. . . .

Pour conclure, Dijon tient le record des fêtes fédérales : 169 sociétés et quelque 3,500 gymnastes présents, 2,800 concurrents. Dijon a réussi. Nous lui adressons nos chaleureuses félicitations. C'est un pas en avant dans la propagande gymnastique.

Lhermitte,

Rédacteur en chef du *Stand-Gymnastique.*

LISTE DES SOUSCRIPTEURS

AUX 400 VOLUMES NUMÉROTÉS DE L'ÉDITION DE LUXE

Adam, recteur de l'Université.
Ageret (D.).
Agrain (Marquis d').
Amiot (Joseph).
Association amicale des Etudiants de l'Université.
Astier (Jules).
Aubrun (Denis).
Badier (Michel).
Banès.
Barbier-Marilier.
Barigault.
Baumann (Jacques).
Bécoulet (E.).
Belin, conseiller à la Cour.
Béné.
Berson (Emile).
Bertin.
Bibliothèque populaire de Licey-s.-Vingeanne.
Bican (A.).
Blanc (Pierre).
Blandin (Charles).
Blin (Jules).
Blondeau, notaire.
Boucher (H.) ainé.
Boudriot (Julien).
Bouitet (Georges).
Boulley.
Bourse du Travail de Dijon.
Bouy (Paul).
Brenot (Albert).
Brenot (Edgard).
Bristschgi-Viennot.
Broussolle (Docteur).
Brown (Henri).
Brulet (Docteur).
Brunet (Mlle C.).
Brunot (Georges).
Bur (Emile).
Cabet (Louis), conseiller d'arrondissement.
Caillard (Le général).
Carnot (Ernest).
Carnot (Le capitaine).
Cartier-Millon.
Cauvard.
Cazalet (Benjamin).
Cazalet (Charles).
Cazet.
Cercle central de Châtillon-sur-Seine.
Chaillet (Ph.).
Chambre de Commerce de Dijon.
Chanteur.
Chapuis.
Chapuis (A.-V.).
Chapuis (Sylvain).
Charmelot (Eugène).
Charton.
Chaussenot.
Chevalier, percepteur.
Chevillot (Albert).
Collot-Laurent (A.), Président de la Chambre de commerce.
Colot (Edmond).
Constant (Jules).
Cornereau.
Cosson.
Court (Paul).
Couturier.
Cunisset Carnot, premier Président de la Cour d'appel.
Cupérus (N.-J.).
Curey (Pierre).
Damidot (Prosper).
Dangeville (Amédée).
Dautrebente (Gabriel).
David (Jules).
Debrie (Abbé).
Debursy, député.
Degoix (Emile).
Delorme (Eugène).
Denervaux.
Denis (Commandant Ernest).

Deschamps, inspecteur d'Académie.
Desplas (G.).
Dijon (La Ville de).
Dormoy.
Drigny (Alfred).
Drouhin.
Dubois.
Ducol (G.).
Dupuy (Alfred), conseiller d'arrondissement.
Dupuy.
Duvert-Gaillet.
Fabureau (J.).
Faudot (Auguste).
Fayolle (B.).
Ferry (E.-F.).
Feuneuille (A.).
Fiet.
Forest (Henri).
Fougerat (Henri).
Frairot.
Franck (Charles).
Gaffarel, conseiller général.
Gagey.
Gaillard (Gustave).
Gallimard (Joseph).
Gallois (Docteur).
Garnier.
Garraud (Mme).
Garreau (Mlle Madeleine).
Gasq (Paul).
Gaston (Pierre).
Gauchat.
Gaudry (Louis).
Gauthiot (Albert).
Genret (Jules).
Gérault (Georges).
Gerin.
Gilbert.
Girardot (Amédée).
Gonay.
Grandné.
Grateyrolles (de).
Grenier (Henri).
Grenot (René).
Groetzinger.
Guignard (Georges).
Guillot (C.).
Guillot (Emile).
Guillot (Jean-Louis).
Hillaireau (Veuve).
Hugot (A.).
Jacquin.
Javillier (Veuve).
Joliet (Albert), conservateur du Musée.
Joliet (Gaston), préfet de la Vienne.
Jouffroy, à Beaune.
Kohn (J.).
Kraft.
Krug.
Laly (C.).
Lamarche (Henri).
Lameau (Charles).
Lambelin (Frédéric).
Lambert, à Beaune.
Lambert, à Glanon.
Lamy.
Lanneau.
Lanson (Jules).
Laporterie (Louis).
Laurent (Alfred).
Lavialle.
Lefebvre.
Leloup (Raymond).
Lepage (Emile).
Lepage (François).
Le Roy (Adrien).
Lescure (Jean).
Leuglet.
Lévy.
Liégeard (Stéphen), président de la Société d'encouragement au bien.
Loisier (Mlle Jeanne).
Luneau.
Magnin (J.), sénateur.
Malard (Paul).
Mallard.
Martenet.
Martenot.
Martinet.
Massiac (Guy de).
Maucotel (Mme).
Maugey (Georges).
Mazeau, sénateur.
Mégeville.
Merget (Henri).
Mettray (Frédéric).
Michel, préfet de la Côte-d'Or.
Michel.
Michel (Léon).
Mignon (Raphaël).
Misset (E.-B.).
Mocquery, ingénieur en chef des ponts et chaussées.
Moiton (L.).
Moncorget.
Morin-Gacon, maire de Dijon.
Morin (G.).
Moser, consul suisse.
Mougenot (Ernest).
Mousson (Henri).
Mouvenot (Mme).
Muteau, député.
Nègre (Pierre).
Noël.
Ocqueteau.
Pancol (Jean).
Papinot (Edme).
Parent (Louis).
Paris (Octave).
Parisot.
Party, président du Tribunal civil.
Patey (Docteur).
Patriarche (M.).
Pauplon (Antoine).
Péchin (Frédéric).
Perny (Abbé).
Perrin (A.).

Perruche.
Petit, conseiller général.
Philibert (Veuve).
Pichot (Louis).
Pillion (Louis).
Piot, sénateur.
Pitavy (Léon).
Pitoiset.
Pivier (C.).
Podesta (E.).
Poinsard (Charles).
Porcherot.
Pouffier.
Progrès de la Côte-d'Or (Le journal *Le*).
Prost (Auguste).
Rabusson (Charles).
Racing-Club Bourguignon.
Regnier (Jules).
Renoux (Jules).
Rey (Félix).
Ricard (Henri), député.
Richard (Emile).
Richard (Georges).
Richard (Lucien).
Robin (Veuve).
Rolin.
Rouard.
Rougetet-Tarpet.
Rousseau (E.).
Ruinet (Félix).
Sansbœuf (J.).
Scheurer (Julien).
Schnerb (H.).
Seguin.
Sevin (C.).
Simard (Eugène).
Simon (G.).
Simonnot
Simonot (Eugène).
Simonot (René).
Siraud (L.).
Société de Lecture de Dijon.
Soulès (P.).
Stehelin, trésor.-payeur général.
Tallchet (Léon).
Tatigny (Eugène).
Thiriet (A.-V.).
Thomas (Eugène).
Thomas-Bassot.
Tirquit, receveur municipal.
Troubat (Antonin).
Vallée (J.).
Vallet (François).
Van Aken (S.).
Vautrin.
Vaux, député.
Verchain (Aimé).
Vernillat (François).
Vieille (H.).
Vielle (E.).
Vinot (Claude-Ernest).
Virieu (Colonel de).
Volle (Jules).
Wachmar.
Weil (Jules).
Zierer.
Zoll.

SOCIÉTÉS DE GYMNASTIQUE

L'Avant-Garde, Rupt-sur-Moselle.
L'Avenir de la Beauce, Chartres.
La Bastidienne, Bordeaux.
La Beaucourtoise, Beaucourt.
La Boroillotte, Valentigney.
La Bravoure, Bougie.
La Diane, Eurville.
La Dunkerquoise.
En Avant, Paris.
Les Enfants de Talence, Bordeaux.
L'Espérance, Saint-Etienne.
L'Etoile de Monaco.
La Fraternelle, La Neuveville-les-Raon.
La Fraternelle, Voiron.
L'Indépendante, Chalon-sur-Saône.
L'Indépendante, Dijon.
La Languedocienne, Béziers.
La Macérienne, Mézières.
La Marchiennoise, Marchienne-au-Pont.
Les Mineurs du Bois du Verne.
La Montarmance, Saint-Florentin.
La Municipale, Toulouse.
Les Patriotes de Vaucluse, Avignon.
Le Réveil, Epernay.
La Rochefortaise, Rochefort-s.-Mer.
La Roubaisienne, Roubaix.
Société de gymnastique de Libourne.
L'Union Tourquennoise, Tourcoing.
Société des Usines Solvay, Dombasle-sur-Meurthe.

TABLE DES MATIÈRES

LES FÊTES PRÉSIDENTIELLES

La Première Journée

LES FÊTES PRÉSIDENTIELLES

La Deuxième Journée

LA XXVe FÊTE FÉDÉRALE

LES FÊTES PRÉSIDENTIELLES

La fin de la Deuxième Journée

DIJON, IMPRIMERIE JACQUOT ET FLORET

www.ingramcontent.com/pod-product-compliance
Ingram Content Group UK Ltd.
Pitfield, Milton Keynes, MK11 3LW, UK
UKHW020952230726
13923UKWH00007B/275

9 782019 178338